EL PODER DE LA MULTIPLICACIÓN

CELESTE PEREZ

WESTBOW
PRESS®
A DIVISION OF THOMAS NELSON
& ZONDERVAN

Puede hacer pedidos de libros de WestBow Press en librerías o poniéndose en contacto con:

WestBow Press
A Division of Thomas Nelson & Zondervan
1663 Liberty Drive
Bloomington, IN 47403
www.westbowpress.com
844-714-3454

ISBN: 978-1-6642-1368-5 (tapa blanda)
ISBN: 978-1-6642-1369-2 (tapa dura)
ISBN: 978-1-6642-1367-8 (libro electrónico)

Número de Control de la Biblioteca del Congreso: 2020923418

Información sobre impresión disponible en la última página.

Fecha de revisión de WestBow Press: 01/29/2021

Contenido

Expresiones de Gratitud

Hay muchos factores sobre cómo surgió este libro, por lo que mencionaré algunos. Me encanta leer, y animo a otros a hacer lo mismo. Tengo una biblioteca personal, pero ese no fue siempre el caso.

Todo comenzó en sexto grado. Mi maestra, la Sra. Barry, se tomó el tiempo de leernos. Ella lograba que todos los estudiantes se sentaran en una alfombra para escuchar su lectura, por ejemplo, *Las Aventuras de Huckleberry Finn, La Casa de la Pradera*, y muchas más. Más tarde nos haría preguntas.

Poco a poco, me vi yendo a la biblioteca y sacando libros para leer. Así que estoy agradecida por la Sra. Barry, y que Dios la bendiga si todavía está en vida. Leí en alguna parte que cuando los niños ven libros en la casa o están expuestos a ellos, existe una alta probabilidad de que esos niños se conviertan en lectores e inteligentes. En casa, teníamos libros porque a papá le encantaba leer. Siempre lo he visto leer un libro. Es un hombre inteligente y muy conocedor de la mayoría de los temas.

Mi congregación pasada es Fruto de la Vid, Inc., ubicada en Gurabo, Puerto Rico. Mi primera visita fue en 2009, pero no fue hasta mi primera cita con mi Apóstol Angélica Calveti bajo el don del Espíritu que ella me inspiró a escribir un libro. Más tarde, en 2014, el apóstol Calveti predicó nuevamente bajo la unción que profetizó que en la congregación hay escritores que escribirán libros. Desde entonces, esa idea había permanecido en mi mente.

Mientras ayunaba durante siete noches y siete días en 2015 en Monte Horeb en Palmer, Massachusetts, lenta y un poco débil en mi quinto día, pero sobrenaturalmente a partir de las 12:00 p.m. hasta las 3:00 p.m., mi mano de escritura no se detenía. Sabía que esto era de Dios. Fue como un fluir del Espíritu de Dios que no pude dejar de escribir. Varias veces cerraba el cuaderno y, mientras oraba, Dios me daba cada vez más sobre qué escribir. Así nació este libro. La gloria es primero que todo y solo para Dios. Después de varios años, finalmente nació mi primer libro.

Dedicación

Dedico este libro al Dios trino que es el creador de todas las cosas, incluido el poder de la multiplicación.

El Poder de la Multiplicación

Porque yo sé los pensamientos que tengo acerca de
vosotros, dice Jehová, pensamientos de paz, y no
de mal, para daros el fin que esperáis.[1]

—Jeremías 29:11

Desde el principio de los tiempos, Dios tenía una imagen clara
de cómo quería que vivieran sus hijos. Desafortunadamente, no
solo tú y yo hemos alterado ese plan, sino que el gran engañador,
Satanás, también ha jugado un papel. Nunca fue la intención de
Dios que estuvieras estancado o detenido. El propósito de este libro
es demostrar que Dios es el creador del poder de la multiplicación,
y a través de este poder, los humanos tienen el poder de usarlo para
Su gloria. Hoy, hay promesas que los cristianos pueden aprovechar
a través del poder de la multiplicación.

Dios no quiere que su pueblo viva toda su vida dependiendo
solo de la humanidad y / o la asistencia del gobierno. Por ejemplo,
durante la Gran Depresión, se creó el Nuevo Acuerdo (New Deal)
para el pueblo estadounidense. Según Purcell, "los programas de
New Deal comenzaron a principios de 1933, con una gran actividad
durante los primeros cien días de Roosevelt en el cargo con el fin

---

[1] A menos que se indique lo contrario, todos los pasajes bíblicos a los que
se hace referencia están en la versión Reina Valera 1960.

de ayudar a los estadounidenses que lo necesitan".[2] Muchos no saben que el gobierno creó estos programas de asistencia pública para ayuda temporal para que la gente se recupere o se ubique financieramente y luego continúe con sus vidas.

La pobreza es una maldición, no una bendición. No es el plan de Dios que su pueblo, sus hijos o incluso sus nietos sigan los mismos pasos hacia la pobreza. Cuando Dios se le apareció a Moisés en el monte Horeb, Dios le dijo específicamente a Moisés lo que quería hacer con los elegidos.

Éxodo 3: 8 dice, "y he descendido para librarlos de mano de los egipcios, y sacarlos de aquella tierra a una tierra buena y ancha, a tierra que fluye leche y miel."

Las promesas de Dios para su pueblo elegido se aplican a usted y a mí hoy. Dios quiere presentarnos a una tierra deseable donde podemos ver el poder de la multiplicación trabajando a nuestro favor. Además, este libro enfatizará que Dios está dispuesto a presentar a su pueblo a una tierra donde puedan sembrar y cosechar. ¡Hay una bendición con tu nombre!

---

[2] Aaron D. Purcell, Deal and the Great Depression (Kent, Ohio: The Kent State University Press, 2014), 5.

CAPÍTULO 1

Sé Fructífero y Multiplícate

Y los bendijo Dios, y les dijo: Fructificad y
multiplicaos; llenad la tierra, y sojuzgadla, y
señoread en los peces del mar, en las aves de los
cielos, y en todas las bestias que se mueven sobre
la tierra.

— Génesis 1:28

Por alguna razón increíblemente buena, Dios le ordenó a Adán,
el primer hombre creado, que fuera fructífero y aumentara. Hay
un propósito divino detrás de este mandamiento. Eso es poderoso
porque vemos aquí al Creador, el Padre de todas las cosas,
otorgando una bendición, lo que significa que les dio un favor
divino para que sean fructíferos y aumenten o se multipliquen. Por
esta razón, vemos al primer Adán activo, moviéndose y haciendo
la obra de Dios.

Hay muchos personajes mencionados en las Escrituras donde
Dios los bendijo. En el caso de Noé y sus hijos (Génesis 9:1),
Dios les dio el privilegio de ser fructíferos y multiplicarse y llenar
la tierra después del diluvio. Sara se convirtió en la madre de
naciones y reyes de pueblos (Génesis 17:16). Una gran nación nació
de una promesa de Dios a Ismael (Génesis 17:20).

Mira las promesas que Dios tiene para nosotros. Dios le dijo a

Abraham, "de cierto te bendeciré, y multiplicaré tu descendencia como las estrellas del cielo y como la arena que está a la orilla del mar; y tu descendencia poseerá las puertas de sus enemigos" (Genesis 22:17).

En el caso de Rebeca, Abraham envió a su criado Eliezer a buscar una esposa para Isaac. La familia de Rebeca, en el proceso de dejarla ir con Eliezer, le declaró una bendición (Génesis 24:60). Es interesante notar que Rebeca vino de una familia pagana. Esto se ve cuando Raquel toma ídolos de la casa de Labán (Génesis 31:19).

A pesar de que la bendición vino de Dios, Rebeca, que proviene de una familia pagana, no limita a Dios a continuar sus promesas. Además, a través de Isaac, la promesa de Dios continúa a través de ellos también para sus descendientes. Esto es cierto para los cristianos de hoy que la palabra inspirada de Dios puede llegar a fruición porque Él no hace acepción de personas. Dios no se olvidó de las promesas de Abraham, por lo que le recordó a Isaac las promesas vistas en Génesis 26: 3–4, 24. Otros ejemplos son Jabes (1 Crónicas 4:10), Job (Job 42:12), Obed-Edom (1 Crónicas 26: 5), y muchos más.

Para comprender este pasaje, es ideal disecar su significado ya que "el hebreo es el idioma a través del cual Dios eligió revelarse a sí mismo, crear a su pueblo, usado por Jesús, usado por los apóstoles, y da una comprensión del Antiguo Testamento."[3] Por ejemplo, Génesis 1:28 comienza con "Y los bendijo Dios." La palabra bendecido que se usa aquí en hebreo es וַיְבָרֶךְ (barak), que significa "alabar, bendecir, bendito, llenar de fuerza, lleno, alabado y adorado."[4]

La palabra *ser fructífero* en hebreo es פָּרָה (parah), que significa

---

[3] Chet Roden, Elementary Biblical Hebrew an Introduction to the Language and Its History (San Diego: Cognella, 2017), 2–3.

[4] Michael S. Heiser, The English-Hebrew Reverse Interlinear Old Testament New King James Version (Bellingham, Wash.: Lexham Press, 2009).

dar fruto o ser fructífero. Mientras tanto, la palabra *multiplicar* en hebreo es רָבָה, que significa hacerse numeroso, aumentar, crecer o ser grande o poderoso. La palabra raíz primitiva es Rabah. De acuerdo con Dockrey et al., Multiplicar también significa "encabezar, hacer abundante y aumentar."[5]

Un gran ejemplo está en Génesis 1:22, "Y Dios los bendijo, diciendo: Fructificad y multiplicaos, y llenad las aguas en los mares, y multiplíquense las aves en la tierra." Otro ejemplo está en Hechos 6: 7, "Y crecía la palabra del Señor, y el número de los discípulos se multiplicaba grandemente en Jerusalén; también muchos de los sacerdotes obedecían a la fe."

Dios es un Dios que desde el principio ha demostrado a la humanidad la capacidad de crear. Además, Dios ha demostrado cómo una bendición bendice de una manera poderosa, haciendo que los humanos tengan el poder de multiplicarse no solo en la población sino también a través de las obras de sus manos.

La primera responsabilidad de Adán era cuidar el jardín y nombrar todo el ganado, las bestias del campo y las aves del aire. ¡Qué gran responsabilidad! Había tanto trabajo por hacer en el reino de Dios sin un ayudante adecuado, por lo que las manos productivas de Dios crearon otro ser humano maravilloso, la mujer.

Nuestro Padre Dios es un ser productivo. Él siempre está dispuesto a trabajar para todos y especialmente para su pueblo. Desde el principio, este rasgo maravilloso ha estado presente. Génesis 1: 2 dice, "y el Espíritu de Dios se movía sobre la faz de las aguas." La versión de la Nueva Biblia Estándar Americana (NASB) usa la palabra *movimiento*[6] en lugar de flotar. El Espíritu de Dios siempre ha estado en constante movimiento, causando o produciendo movimiento. Esa es una gran revelación porque,

---

[5] Karen Dockrey, Johnnie Godwin, and Phyllis Godwin, *The Student Bible Dictionary* (Uhrichsville, Ohio: Barbour Publishing, 2000), 160.

[6] *Holy Bible: New American Standard Bible (NASB)* (LaHabra, Calif.: The Lockman Foundation), 1995. As found in the BibleGateway website

como los humanos creados a imagen de Dios nuestro Padre, existe un deseo intrínseco de estar en movimiento y ser productivo. Por ejemplo, cuando no hay producción, las empresas colapsan. El reino espiritual no es diferente; si no somos productivos en el ámbito espiritual, somos estériles.

Nuestro Dios celestial siempre tiene un plan cuando dice que debes ser fructífero y multiplicarte. Dios le estaba dando a la humanidad la autoridad para tomar medidas para producir, ser fructífero y multiplicarse. No es algo que nosotros, los seres humanos, debamos tratar de negociar con Dios o poner excusas para no seguir sus mandamientos porque es simple: detrás de esa promesa, Dios se glorifica, y hay bendiciones que siguen. La alternativa produce resultados negativos con una alta probabilidad de un impacto negativo para nuestras generaciones futuras. Tenemos ese poder delegado de Dios para producir buenos resultados, dar frutos abundantemente o producir un crecimiento abundante.

Muchos cristianos caminan con una venda espiritual del enemigo, impidiéndoles ver esta gran verdad. Muchos cristianos escuchan más a Satanás y están atados a sus mentiras, creyendo frases como "No puedo hacerlo", "No soy capaz", "No soy bueno en nada", "Este no es mi llamado", "El ministerio no va a ninguna parte" o "¿Quién me va a escuchar?"

Muchos caminan como zombis, creen que no son capaces de producir nada y llevan una pesada carga de "no puedo", "no son" y "no quieren". Una vez que se comprende la verdad, muchos cristianos verán que tienen el poder de producir y multiplicarse. Esto es exactamente lo que Dios quiere hacer en tu vida en este mismo momento porque en esta hora crucial, Él te usará con ese poder que delegó para mostrarle al mundo que puede hacer más por su pueblo. El mundo necesita ver que Dios es más grande que el que tiene dominio en el mundo, por lo que muchos vendrán a Cristo. 1 Juan 4: 4 dice, "Porque mayor es el que está en vosotros, que el que está en el mundo."

Dios dio a luz la ideología de ser fructífero y multiplicador. Dictionary.com define la palabra *idea* como "cualquier concepción existente en la mente como resultado de la comprensión mental, la conciencia o actividad, el pensamiento, la concepción o la noción, una impresión."[7] En otras palabras, Dios pensó en nosotros. Salmo 92:5 dice, "¡¡Cuán grandes son tus obras, oh, Jehová! Muy profundos son tus pensamientos." Dios tiene pensamientos profundos sobre nosotros. Él quiere que lo busquemos, toquemos su mente extraordinaria y descubramos qué pensamientos e ideas quiere que obtengamos. ¡Las ideas de Dios son accesibles para aquellos que desean buscarlo!

Isaías 55:8-9 dice, "Porque mis pensamientos no son vuestros pensamientos, ni vuestros caminos mis caminos, dijo Jehová. Como son más altos los cielos que la tierra, así son mis caminos más altos que vuestros caminos, y mis pensamientos más que vuestros pensamientos." Dios tiene pensamientos para cada creyente, pero lamentablemente, muchos no son conscientes de esto. Esto se confirma en Miqueas 4:12, "Mas ellos no conocieron los pensamientos de Jehová, ni entendieron su consejo; por lo cual los juntó como gavillas en la era." Pregúntale a Dios cuáles son sus pensamientos sobre ti. Te sorprenderán los buenos pensamientos que tiene sobre ti.

---

[7] Dictionary.com, 2015.

CAPÍTULO 2

La Pereza es un Pecado

> Un poco de sueño, un poco de dormitar, y cruzar
> por un poco las manos para reposo; así vendrá tu
> necesidad como caminante, y tu pobreza como
> hombre armado.
>
> —Proverbios 6:10-11

Dios nunca planificó que su pueblo estuviera en malas condiciones. Vemos claramente cómo Dios advierte repetidamente al pueblo de Israel que siga sus mandamientos. A través de la obediencia a su decreto, no sabrán lo que es falta, escasez o pobreza. Encontramos esta verdad en Deuteronomio 15:4, "Para que así no haya en medio de ti mendigo; porque Jehová te bendecirá con abundancia en la tierra que Jehová tu Dios te da por heredad para que la tomes en posesión". El siguiente versículo, 15: 5, nos da el descargo de responsabilidad, "Si escuchares fielmente la voz de Jehová tu Dios, para guardar y cumplir todos estos mandamientos que yo te ordeno hoy."

Más tarde, Dios proporciona más instrucciones porque, desafortunadamente, muchas personas se desviarían, seguirían a otros dioses y no seguirían sus mandamientos. Los pobres llegaron a existir debido a la desobediencia. Dios sabía que esto sucedería. Por lo tanto, podemos decir que muchos se volvieron pobres en

Israel porque el pecado trajo pobreza. Esto demuestra que una nación puede estar en la pobreza debido a sus propios pecados.

Israel se acostumbró a ver a los pobres. Muchas generaciones después, podemos ver a Jesús hablando de los pobres. Jesús dijo en Juan 12:8: "Porque a los pobres siempre los tendréis con vosotros, más a mí no siempre me tendréis." Incluso en los tiempos de Jesús, los pobres existieron, y a través de su ministerio, Jesús sanó a muchos de ellos. Hoy, los pobres todavía existen, y como sabemos, Dios ama a los pobres como los ricos, y la salvación está disponible para todos.

Según Worldvision.org, "736 millones de personas viven en extrema pobreza y sobreviven con menos de $ 1.90 por día."[8] Es un hecho: millones, incluidos los cristianos debido a maldiciones generacionales u otros factores como la pérdida de un empleo o inversiones, enfermedad o escasez de bienes en ese territorio, están en la pobreza hoy, mientras que otros están allí debido a la pura pereza.

El significado de perezoso es "no dispuesto a trabajar". A la gente perezosa no le gusta trabajar. Les gusta sentarse, hablar, perder el tiempo en placeres egoístas y esperar a que otros los ayuden. Algunos nombres comunes para personas perezosas son teleadictos, cargadores gratuitos o holgazanes. Si bien la palabra pobreza significa estar en un estado o condición de tener poco o nada de dinero, bienes o medios de apoyo, es una condición de ser pobre o desfavorecido.

Nunca conocí a alguien que disfruta ser pobre, pero muchos cristianos sienten que siempre es la voluntad de Dios ser pobre. Aún más, muchos cristianos aprendieron que es un privilegio ser pobre y no próspero. Además, cuando hablo de próspero, no estoy hablando de dinero porque puede ser próspero en muchas áreas de su vida, por ejemplo, su salud, empleo, gracia o relaciones con familiares, amigos o compañeros de trabajo.

---

[8] Andrea Peer, "Global poverty: Facts, FAQs, and how to help," https://www.worldvision.org/sponsorship-news-stories/global-poverty-facts.

¿Cómo una persona perezosa se vuelve perezosa? Proverbios 6:10–11 dice, "Un poco de sueño, un poco de dormitar, y cruzar por un poco las manos para reposo; Así vendrá tu necesidad como caminante, y tu pobreza como hombre armado." Todo comienza con dar más tiempo a la carne. La carne quiere dormir más y se la darás sin razón. No hay nada de malo en dormir más. He hecho esto ocasionalmente y me alegro de haberlo hecho porque mi cuerpo necesitaba descansar.

Me refiero a cuando tu carne comienza a acostumbrarse a dormir más de lo habitual, que se convierte en un hábito carnal. En segundo lugar, la carne quiere tener más tiempo para dormir. La palabra "slumber" en español significa dormir, adormecerse, estar en un estado de inactividad o negligencia. La persona que duerme más sin razón, sabiendo que tiene responsabilidades que cuidar, eventualmente conducirá a un asunto de negligencia. La negligencia causa que muchas personas pierdan sus trabajos por llegar tarde al trabajo, excusándose por no llegar a tiempo o no presentarse.

Otra palabra para perezoso es *haragana*. Proverbios 20:4 dice, "El perezoso no ara a causa del invierno; Pedirá, pues, en la siega, y no hallará." El resultado de una persona perezosa es que terminarán sin nada.

Además, el perezoso anhela constantemente. Proverbios 13:4 confirma: "El alma del perezoso desea, y nada alcanza; Mas el alma de los diligentes será prosperada." Cada elección que hacemos conlleva consecuencias. Lo mismo ocurre con aquellos cristianos que deciden no trabajar. Pueden engañar a sus familias o amigos, pero nadie puede engañar a Dios. Cuando una persona decide no trabajar, aunque sea capaz, pagará las consecuencias negativas.

Hay diferentes tipos de trabajo. Muchas mujeres deciden ser madres que se quedan en casa, a veces consideradas ingenieras domésticas. Una madre de tiempo completo es un trabajo duro, a menudo más desafiante que un trabajo de tiempo completo.

Si alguna vez una madre decide no cumplir con todas sus responsabilidades, ese hogar se caerá.

El espíritu de la pereza abre la puerta para que el enemigo entre. He visto a muchas personas negarse a conseguir un trabajo real, lo que los lleva a depender de la asistencia del gobierno. Muchos tienden a mentir en sus solicitudes para obtener más asistencia y convertirse en mentirosos legítimos. Se olvidan de que la Biblia dice que no mientan, y se echan una maldición. A menudo esas mentiras conducirían a inventar otras mentiras para ocultar la primera mentira. Es un círculo vicioso, cristianos que se quedan en casa sin hacer nada.

Lamentablemente, muchos se vuelven holgazanes que anhelan lo que otros tienen, lo que puede conducir a una puerta abierta para que el enemigo entre. Cuando alguien anhela algo para lo que no trabaja, los resultados son negativos, mientras que los diligentes, aquellos que trabajan fervientemente por sus deseos están completamente satisfechos. ¿Por qué? Porque el diligente trabaja. Los perezosos siempre quieren más. Los perezosos siempre desean lo que no tienen. Los holgazanes critican a los que si tienen sus cosas porque trabajan.

Muchos perezosos se encuentran en esa situación por miedo. Esto me recuerda la parábola de los talentos encontrados en Mateo 25:14–28. El que recibió cinco talentos y el que recibió dos pudieron multiplicar su productividad, mientras que el que recibió un talento no pudo producir. El versículo 24 dice, "Pero llegando también el que había recibido un talento, dijo: Señor, te conocía que eres hombre duro, que siegas donde no sembraste y recoges donde no esparciste."

He aquí por qué tantos cristianos están atados por las mentiras del enemigo. El miedo puede venir de varias maneras, pero muy probablemente por un pensamiento negativo, escuchando las mentiras del enemigo o por experiencias negativas. Para el hombre con el único talento, el miedo surgió de un pensamiento porque estaba pensando que su maestro era un hombre duro. Entonces eso solo desanimó a este hombre a trabajar más duro.

El miedo ha paralizado a muchos cristianos de no seguir una carrera, volver a la escuela o seguir las instrucciones de Dios de ir a tiempo completo al ministerio. El miedo ha impedido que muchos cristianos sigan sus sueños y pasiones y sean las personas que Dios siempre ha querido. El miedo ha impedido que muchas personas experimenten todo su potencial.

El miedo ha abierto las puertas a tantos creyentes que están estancados o en una rutina. El miedo es lo opuesto a la fe, y Hebreos 11:6 dice, "Pero sin fe es imposible agradar a Dios; porque es necesario que el que se acerca a Dios crea que le hay, y que es galardonador de los que le buscan."

El señor respondió: "Siervo malo y negligente, sabías que siego donde no sembré, y que recojo donde no esparcí. Tú, siervo malo y perezoso" (Mateo 25:26). Primero, el amo llamó al siervo malvado. Esto es importante porque la revelación aquí es que la pereza es una acción de los impíos. Entonces el señor lo llamó flojo. El jefe o el señor no tardó mucho en darse cuenta de que tenía un vago en su grupo. El señor seguramente no quería a este servidor bajo su liderazgo porque eventualmente este servidor podría influenciar a otros a hacer lo mismo. No sé si alguna vez has trabajado con una persona perezosa, pero déjame decirte que no es fácil ni divertido porque eventualmente no harán nada y terminarás haciendo su trabajo. Una persona perezosa es como un parásito o sanguijuela.

Tercero, una persona perezosa sigue el concepto de *cerrar las manos*. Esto significa no trabajar, no trabajar en absoluto, no moverse como se supone que deben hacer, o no preocuparse por el trabajo. Proverbios 21:25 dice, "El deseo del perezoso le mata, porque sus manos no quieren trabajar." La persona encuentra excusas para no trabajar, sin darse cuenta de que este camino lo lleva a la pobreza y la muerte. El apetito de los perezosos es pura rebelión a lo que Dios ha establecido aquí en la tierra. El trabajo es nuestra porción desde que Adán y Eva pecaron. Proverbios 19:24 dice, "El perezoso mete su mano en el plato, y ni aun a su boca la llevará."

Esto "retrata cómicamente la naturaleza destructiva de la pereza exagerada: el perezoso es demasiado vago como para alimentarse."[9] Una persona perezosa es una persona improductiva. El enemigo lo sabe, así que una vez que esto sucede, has permitido que la pobreza llegue a tu puerta como un bandido o un ladrón. Las consecuencias serán que la escasez seguirá como un hombre armado. Esta es la obra del enemigo, como se dice en Juan 10:10, "El ladrón no viene sino para hurtar y matar y destruir; yo he venido para que tengan vida, y para que la tengan en abundancia."

El enemigo, el ladrón, está buscando robar ideas, energía, entusiasmo, pasión y sueños. Si el enemigo puede destruir tu pasión o tus sueños, entonces no hay razón para trabajar por ello. El enemigo quiere llevarte a un camino de falta o desesperanza.

La pereza es una tentación que el diablo utiliza para mantener a muchos cristianos encadenados en la pobreza y viviendo en la escasez. Mateo 26:41 dice, "Velad y orad, para que no entréis en tentación; el espíritu a la verdad está dispuesto, pero la carne es débil." Una forma de vencer la tentación y vencer la pereza es orar y seguir trabajando.

Jesús ayunó por cuarenta días y cuarenta noches; el diablo vino a tentarlo. Mateo 4:8 relata: "Otra vez le llevó el diablo a un monte muy alto, y le mostró todos los reinos del mundo y la gloria de ellos." Además, le dijo: "Todo esto te daré, si postrado me adorares" (Mateo 4:9).

El diablo estaba ofreciendo reinos del mundo y su gloria. De acuerdo con Ravi Zacharias, "Los reinos de este mundo no fueron en última instancia ni suyos ni para dar."[10] Segundo, el diablo estaba ofreciendo reinos y su gloria para la cual él nunca trabajó ni creó.

---

[9] J. D. Barry et al., *Faithlife Study Bible* (Bellingham: Lexham Press, 2012), Proverbs 19:24

[10] Ravi Zacharias, I, Isaac, take Thee Rebekah (Nashville: Thomas Nelson, 2004), 80.

Cuando Adán y Eva pecaron, Satanás tomó el dominio sobre la tierra. Sin embargo, cuando Jesús murió en la cruz, Dios le dio a Jesús autoridad sobre el cielo y la tierra. Pablo advirtió a los efesios que el diablo trabajaba como "conforme al príncipe de la potestad del aire, el espíritu que ahora opera en los hijos de desobediencia" (Efesios 2:2). La pereza es un espíritu que trabaja en los hijos de la desobediencia.

La pereza es un pecado, y es una manera fácil de no seguir los mandamientos de Dios. El camino a la salvación es un compromiso. Los cristianos deben trabajar para mantener esa relación con Jesús a diario, apasionada para vivir una vida santa separada de las cosas mundanas que nos tientan. Millones de personas ya han renunciado y han entrado por la amplia puerta, confiando en su propio entendimiento; muchos han terminado en un lugar de tristeza y lamento. Muchos cristianos están renunciando en este momento, mientras que otros están siendo persistentes y diligentes al caminar por la puerta estrecha.

Nuevamente, la manera fácil es pecar, seguir a la multitud y hacer cosas en contra de la Palabra de Dios. Es mucho más fácil seguir las obras de la carne y mentir. Es fácil seguir a los dioses de los demás, hacer ídolos de cualquier cosa, usar el nombre del Señor en vano, o deshonrar al padre y a la madre. No es difícil asesinar en estos días o cometer adulterio o fornicar. Robar se hace sin esfuerzo. Es fácil criticar, bochinchear, o incluso hablar negativamente o decir malas palabras. Por último, no es fácil seguir los mandamientos de Dios y no vivir una vida ordenada. Lo cierto es que el diablo, el gobernante de este mundo, tiene muchos cristianos durmiendo espiritualmente, y muchos no saben que están caminando por el camino que conduce a la puerta ancha de perdición.

Dios siempre apareció en el jardín y chequeaba a Adán y Eva, pero después de la caída, algo fue diferente. Tanto Adán como Eva no fueron encontrados fácilmente, como otras veces. No es que Dios no supiera lo que había sucedido, pero Dios apareció en el jardín, llamando a Adán y Eva, y como sabemos, se estaban escondiendo a causa del pecado. Romanos 5:12 dice,

"Por tanto, como el pecado entró en el mundo por un hombre, y por el pecado la muerte, así la muerte pasó a todos los hombres, por cuanto todos pecaron."

La ocultación o el esconderse fue su acción después de pecar, convirtiéndose para ellos en el primer proceso de muerte física y espiritual. Cuando pecamos, produce vergüenza, desgracia y el acto de ser cubiertos. Las cosas cambiaron rápidamente para Adán y Eva. Dios les dio instrucciones y dijo en Génesis 3: 17–18, "Maldita será la tierra por tu causa; con dolor comerás de ella todos los días de tu vida. Espinos y cardos te producirá, y comerás plantas del campo."

Oden afirma: "¿Quién ordenó que salgan tantas plantas espinosas o venenosas que son inútiles para la comida y tantos árboles que no dan fruto?"[11] Las espinas y los cardos son un recordatorio de la causa del pecado con la esperanza de que la humanidad "se aleje de los pecados y se vuelva a los mandamientos de Dios."[12] A partir de entonces, la humanidad trabajaría todos los días de su vida y "con el sudor de su rostro comerás el pan hasta que vuelvas a la tierra, porque de ella fuiste tomado; pues polvo eres, y al polvo volverás" Genesis 3:19).

Esto significa que la humanidad pondrá esfuerzo en el trabajo y definitivamente enfrentará desafíos. En el jardín, había comida disponible para tomar, pero ahora Adán y Eva se dieron cuenta de que la nueva tierra introducida por Dios sería diferente. Aunque el terreno estaba bajo una maldición por el pecado cometido, Dios dio instrucciones sobre cómo operar y trabajar el terreno para producir los resultados deseados, obteniendo sostenibilidad hasta la muerte.

---

[11] Thomas C. Oden, Ancient Christian Commentary on Scripture Old Testament I (Chicago: Fitzroy Dearborn Publishers, 2001), 15.

[12] Thomas C. Oden, Ancient Christian Commentary on Scripture Old Testament I (Chicago: Fitzroy Dearborn Publishers, 2001), 15.

Después de que Dios dio esas instrucciones, el hombre y la mujer tuvieron la opción de seguirlos. Dios nos dio el poder de elegir, entonces tenemos el poder de elegir a trabajar. Tenemos el poder de elegir ser perezosos o diligentes. Hebreos 13: 8 dice, "Jesucristo es el mismo ayer, y hoy, y por los siglos." Hoy, estas instrucciones siguen siendo válidas, y es un pecado no seguirlas.

CAPÍTULO 3

El Poder de Dios en la Multiplicación

Porque la palabra de Dios es viva y eficaz, y más
cortante que toda espada de dos filos; y penetra
hasta partir el alma y el espíritu, las coyunturas
y los tuétanos, y discierne los pensamientos y las
intenciones del corazón.

—Hebreos 4:12

¡Servimos al único y verdadero Dios omnipotente! Este Dios
omnipotente es todopoderoso y tiene un poder infinito. El Dios
al que servimos tiene un poder muy grande e ilimitado. Él mismo
nos ha dado poder bajo su autoridad. El que nos hizo, nos ha dado
poder. Isaías 44:24 dice, "Así dice Jehová, tu Redentor, que te
formó desde el vientre: Yo Jehová, que lo hago todo, que extiendo
solo los cielos, que extiendo la tierra por mí mismo."

El "Yo Soy", es el Señor, quien nos ha dado el poder de hacer
lo mismo y crear una vida donde podamos multiplicarnos o
producir. Su propósito divino para nosotros es vernos utilizar este
poder de una manera que sea una bendición. Incluso después de
la caída del hombre, podemos ver que Adán y Eva trabajaron, ya
que instruyeron a sus hijos con el ejemplo a trabajar. Encontramos

esto en Génesis 4: 2, "Y Abel fue pastor de ovejas, y Caín fue labrador de la tierra."

Al seguir las instrucciones de Dios, los hombres y las mujeres pudieron trabajar la tierra y sobrevivir durante generaciones. Si bien los hombres y las mujeres lograron sobrevivir trabajando la tierra y multiplicándose físicamente, espiritualmente no lo lograron. Este es un factor clave aquí. Dios quiere a su pueblo en conexión con Él no solo físicamente sino también, lo más importante, espiritualmente. Juan 4:24 dice, "Dios es Espíritu; y los que le adoran, en espíritu y en verdad es necesario que adoren."

Cuando Adán y Eva estaban en el jardín, tenían comunión con Dios. A través de la comunión, Adán y Eva intercambiaron sus ideas con Dios y viceversa. Luego, cuando fueron sacados del jardín a este nuevo lugar, se dieron cuenta de que la tierra era diferente; y, en este nuevo territorio, recibieron diferentes instrucciones.

Adán y Eva rápidamente se dieron cuenta de lo diferente y dura que era la vida en el nuevo lugar. No se dieron cuenta del hecho de que estar en un lugar diferente con instrucciones diferentes no significaba que Dios fuera diferente o que Dios había cambiado. ¡Dios seguía siendo el mismo! Sí, las cosas eran distintas, pero Dios no. Realmente creo que a medida que las generaciones van y vienen, dejan que el diablo se aproveche de esto en sus corazones, sin conectarse con Dios espiritualmente, lo que las aleja cada vez más de Dios.

Dios otorgó poder a la humanidad para seguir instrucciones bajo su autoridad para ser fructíferos y aumentar en número. Dios bendijo a la humanidad con el poder de hacer esto, pero esta lo dio por sentado. El corazón de Dios estaba dolorido porque el corazón humano estaba lleno de maldad. ¿Tu corazón alguna vez ha experimentado dolor? Mi corazón lo ha experimentado. Y en una ocasión en mi vida mientras estaba orando, llorando ante Dios, recordé esta historia donde Dios se encontraba dolorido por tanta maldad en la tierra.

Dios tenía la esperanza de que la humanidad pudiera mantenerse encaminada, pero no sucedió y vio caer a Adán y Eva. Roden afirma: "Primero, la multiplicación del pecado abrevió el tiempo de esa generación en la tierra (Génesis 6: 1–3)."[13] Esto sucedió "que los hijos de Dios, que eran del linaje de Set, comenzaron a casarse con las hijas del hombre, que eran del linaje de Caín."[14] Otra teoría al referirse a los hijos de Dios en Génesis 6: 1 es que los ángeles se rebelaron contra Dios, y, viendo que las hijas de los hombres eran hermosas, tomaron esposas para sí mismos. Los resultados fueron la evidencia de la multiplicación del pecado, y aparecieron gigantes (Génesis 6: 4).

Incluso Pedro menciona la desobediencia de esa generación que se volvió contra Dios, y solo Noé y su familia fueron salvos (1 Pedro 3:20). Pablo les recuerda a los Corintios esta verdad, "No os unáis en yugo desigual con los incrédulos; porque ¿qué compañerismo tiene la justicia con la injusticia" (2 Corintios 6:14). Además, ¿qué comunión tiene la luz con las tinieblas?

Esta verdad todavía se aplica a los cristianos de hoy. En algún lugar leí que no eliges dónde naces, dónde vas a morir o quiénes son tus padres o hijos, pero eres capaz de elegir a tu esposa o esposo. Así que elige sabiamente.

Lamentablemente, la humanidad se olvidó de Dios. ¡Qué fácil para la humanidad olvidar a Dios! Si bien Dios nunca se olvida de nosotros, siempre está atento a la humanidad y a nuestras necesidades. Génesis 6: 1 dice, "Comenzaron los hombres a multiplicarse sobre la faz de la tierra, y les nacieron hijas." Físicamente, la humanidad estaba aumentando, pero espiritualmente no. Dios no tuvo ningún problema con el aumento de la humanidad en la tierra, sino con cómo dejaron que el mal gobernara sus corazones. Génesis 6: 5 dice, "Y vio Jehová que

---

[13] Chet Roden, 30 Days to Genesis A Devotional Commentary (Timmonsville, S. C.: Seed Publishing Group, 2016), 25.

[14] Chet Roden, *30 Days to Genesis A Devotional Commentary* (Timmonsville, S.C.: Seed Publishing Group, 2016), 25.

la maldad de los hombres era mucha en la tierra, y que todo designio de los pensamientos del corazón de ellos era de continuo solamente el mal."

El Señor se lamentó de haber hecho a la humanidad en la tierra, y su corazón se llenó de dolor. Por lo tanto, el Señor dijo, "Raeré de sobre la faz de la tierra a los hombres que he creado, desde el hombre hasta la bestia, y hasta el reptil y las aves del cielo; pues me arrepiento de haberlos hecho" (Génesis 6: 7). Dios consideró esta elección y siguió adelante porque sabía que, si no intervenía, al final la humanidad habría dejado que el mal reinase en lugar de buscar a Dios.

Genesis 6:11-12 dice, "Y se corrompió la tierra delante de Dios, y estaba la tierra llena de violencia. Y miró Dios la tierra, y he aquí que estaba corrompida; porque toda carne había corrompido su camino sobre la tierra." Debido a que los corazones de la humanidad estaban llenos de maldad, las personas que vivían en esos días experimentaban violencia de todo tipo. No había respeto por nadie, y la gente hacía lo que les agradaba, como si no hubiera un Dios en los cielos. En lugar de practicar la bondad de Dios, practicaban la maldad. Roden dice, "Segundo, la multiplicación del pecado activó la tristeza de Dios."[15] Génesis 6: 5 dice, "Y vio Jehová que la maldad de los hombres era mucha en la tierra, y que todo designio de los pensamientos del corazón de ellos era de continuo solamente el mal." Entonces Dios se arrepintió haber creado a la humanidad, debido a la multiplicación de la maldad aquí en la tierra. De nuevo, la Escritura dice, "Dios no es hombre, para que mienta, ni hijo de hombre para que se arrepienta" (Números 23:19).

De acuerdo con Roden, "Si bien Dios es trascendente y está por encima de las emociones humanas tal como las conocemos, el autor de Génesis se limitó al uso del lenguaje humano. Así que trató de describir los sentimientos de Dios usando palabras

---

[15] Roden, 26.

humanas."[16] Es por eso por lo que vemos en Génesis 6: 6, la palabra *lamentarse.*

Dios sabía que, si no intervenía, la humanidad habría continuado en este camino de maldad y nadie habría visto la salvación. Han pasado diez generaciones desde que apareció Noé y el pecado se había multiplicado enormemente. Génesis 6: 8 dice, "Pero Noé halló gracia ante los ojos de Jehová."

Una persona todavía estaba haciendo algo bien con la bendición otorgada a toda la humanidad. Solo se necesitó un individuo para tocar el corazón de Dios y encontrar la gracia. Solo hace falta un hombre o una mujer para creer y saber que la misma bendición que se encuentra en Génesis 1:28 todavía está activa hoy. Solo se necesita un hombre, mujer o familia para que Dios lo use para traer cambios.

Sirach 44:17 dice, "Noé fue hallado perfecto, justo; en el tiempo de la ira se convirtió en un sustituto; por lo tanto, un remanente vino a estar en la tierra; por lo tanto, se produjo el diluvio." Noah significa descanso y consuelo. Dios fue consolado a través de Noé. Génesis 6: 9 dice, "Noé, varón justo, era perfecto en sus generaciones; con Dios caminó Noé." La Nueva Versión Internacional dice, "Noé era un hombre justo y honrado entre su gente. Siempre anduvo fielmente con Dios" (Genesis 6:9). Dios decidió nuevamente otorgar las bendiciones sobre él, su familia y las generaciones posteriores a él.

Después del diluvio, Noé construyó un altar para Dios, y Dios hizo un pacto con él. Génesis 9: 1 dice, "Dios bendijo a Noé y a sus hijos con estas palabras: Sean fecundos, multiplíquense y llenen la tierra." Al igual que el pecado pasa de generación en generación, las bendiciones y promesas de Dios pueden pasar a través de una línea de generaciones. La razón principal es que Dios cumple sus promesas. Nuevamente, Dios aquí está demostrando que Él es el mismo Dios, el mismo que estuvo en el jardín y que ordenó a

---

[16] Ibid.

Adán y Eva que sean fructíferos y se multipliquen. Encontramos esta verdad en Números 23:19, "Dios no es hombre, para que mienta, ni hijo de hombre para que se arrepienta. Él dijo, ¿y no hará? Habló, ¿y no lo ejecutará?" Dios no cambia de opinión como lo hace la humanidad. Al contrario, es firme con el pensamiento, y cuando establece algo, procede sin ninguna duda en su mente.

Dios le recordó a Noé en Génesis 9:7, "Mas vosotros fructificad y multiplicaos; procread abundantemente en la tierra, y multiplicaos en ella." Dios dio una señal de que este pacto se llevó a cabo, y aún hoy, podemos ver el arco iris. Génesis 9:14 dice, "Y sucederá que cuando haga venir nubes sobre la tierra, se dejará ver entonces mi arco en las nubes."

Un pacto tuvo lugar entre Dios y Noé. Dios establece las condiciones, pero la humanidad escucha las condiciones. Dios permite que la humanidad tenga el poder de elegir aceptar las condiciones. Uno de los requisitos es la obediencia; El segundo es la lealtad. Los mismos requisitos fueron dados a Adán y Eva. Muchos dirán: "Pero esa bendición fue solo para Noé y su familia." Además, muchos dirán que el propósito principal de esa bendición fue para el reino físico y natural y no espiritualmente.

Estoy aquí para decirles que la promesa todavía está activa hoy en el ámbito espiritual, y podemos verla en el ámbito físico. Estoy aquí para decir que las bendiciones son no solo para Adán, Noé y sus familias, sino para todas las generaciones futuras. Esta bendición no es solo para el ámbito físico o natural, sino que también puede pertenecer a cada área de nuestras vidas. Antes de que Dios declarara esta bendición sobre Noé, Dios le dio instrucciones a Noé, y Dios lo puso a trabajar. Noé trabajó durante muchos años para construir un arca. En aquellos días, hombres y mujeres vivían largos días.

Noé logró construir el arca porque obedeció a Dios. Las bendiciones corren hacia los obedientes. Desde el principio, Dios puso a Adán a trabajar en el jardín y cuidar a todas las criaturas.

Adán tuvo éxito hasta la caída. Dios ha llamado a muchas personas a trabajar, y a través de su trabajo, Dios los ha bendecido más.

Hay tantos beneficios para los cristianos que ponen en práctica trabajar. El primer beneficio es porque Dios lo dijo. Es el plan y la voluntad de Dios para que trabajemos. Dios le ordenó a la humanidad que trabajara. Nuevamente, encontramos esta verdad en Génesis 3: 17–19. Segundo, Dios ama la obediencia. El gran secreto que conlleva la obediencia es abrir la puerta al éxito. El diablo ha engañado a muchas personas a ir en contra de la voluntad de Dios. La obediencia a Dios trae bendiciones. Cada vez que obedecemos a Dios, hay bendiciones y promesas puras de Él. Leamos Deuteronomio 28:1–14,

> "Acontecerá que, si oyeres atentamente la voz de Jehová tu Dios, para guardar y poner por obra todos sus mandamientos que yo te prescribo hoy, también Jehová tu Dios te exaltará sobre todas las naciones de la tierra. Y vendrán sobre ti todas estas bendiciones, y te alcanzarán, si oyeres la voz de Jehová tu Dios. Bendito serás tú en la ciudad, y bendito tú en el campo. Bendito el fruto de tu vientre, el fruto de tu tierra, el fruto de tus bestias, la cría de tus vacas y los rebaños de tus ovejas. Benditas serán tu canasta y tu artesa de amasar. Bendito serás en tu entrar, y bendito en tu salir. Jehová derrotará a tus enemigos que se levantaren contra ti; por un camino saldrán contra ti, y por siete caminos huirán de delante de ti. Jehová te enviará su bendición sobre tus graneros, y sobre todo aquello en que pusieres tu mano; y te bendecirá en la tierra que Jehová tu Dios te da. Te confirmará Jehová por pueblo santo suyo, como te lo ha jurado, cuando guardares los mandamientos de Jehová tu Dios, y anduvieres en sus caminos. Y

verán todos los pueblos de la tierra que el nombre de Jehová es invocado sobre ti, y te temerán. Y te hará Jehová sobreabundar en bienes, en el fruto de tu vientre, en el fruto de tu bestia, y en el fruto de tu tierra, en el país que Jehová juró a tus padres que te había de dar. Te abrirá Jehová su buen tesoro, el cielo, para enviar la lluvia a tu tierra en su tiempo, y para bendecir toda obra de tus manos. Y prestarás a muchas naciones, y tú no pedirás prestado. Te pondrá Jehová por cabeza, y no por cola; y estarás encima solamente, y no estarás debajo, si obedecieres los mandamientos de Jehová tu Dios, que yo te ordeno hoy, para que los guardes y cumplas, y si no te apartares de todas las palabras que yo te mando hoy, ni a diestra ni a siniestra, para ir tras dioses ajenos y servirles."

En tercer lugar, podrá mantenerse a sí mismo, a su familia o incluso a otros, si es posible. Como sabemos, los humanos no pueden vivir sin comida. Es muy gratificante, después de un duro día de trabajo, ir a casa y comer una buena comida. El Salmo 128:2 dice, "Cuando comieres el trabajo de tus manos, bienaventurado serás, y te irá bien." La Nueva Versión Internacional dice, "Lo que ganes con tus manos, eso comerás; gozarás de dicha y prosperidad" (Salmo 128:2). Vale la pena trabajar porque podemos comer el fruto de nuestro trabajo y no es en vano.

Cuando visité a mis abuelos cuando era niña, recordé que estaban retirados. Mi abuelo solía trabajar en el campo, y después de un duro día de trabajo, volvía a casa y comía. Mi abuela generalmente tenía las comidas listas para él. Cada vez que llegaba a casa para comer esa comida cálida y deliciosa que lo esperaba, su rostro demostraba felicidad.

Cuarto, nuestra dependencia es de Dios. Muchos están con los ojos vendados, creyendo que su dependencia es de su trabajo o de su jefe, sin darse cuenta como cristianos que debemos depender únicamente de Dios. Cuando trabajamos, podemos ver que dependemos de Dios de muchas maneras. Dios da vida, el aire que sostiene nuestra respiración, las estaciones, la salud y la fuerza para trabajar. Dios provee trabajo. Dios da gracia y favor para poder trabajar.

La realidad es que sin Dios no tenemos nada. Aún más, Dios nos da la inteligencia para trabajar. Dios quiere que comprendamos que sin Él no somos nada. Juan 15: 5 dice, "o soy la vid y ustedes son las ramas. El que permanece en mí, como yo en él, dará mucho fruto; **separados de mí no pueden ustedes hacer nada.**" Dios quiere que su pueblo confíe en él y en sus promesas. Dios quiere que su pueblo confíe en Él y en Su palabra. Muchos cristianos aún no han llegado a este entendimiento y están viviendo una vida mediocre.

Quinto, te sientes bien contigo mismo cuando trabajas. Algo sucede en tu mente y dentro de ti cuando trabajas. La seguridad en sí mismo aparece cuando trabajas. Tienes una autoestima dentro de ti mismo cuando completas tus responsabilidades en el trabajo. Incluso si nadie te aprecia o reconoce tu trabajo, Dios es, quien es el gran recompensador. Como cristianos, debemos agradar y honrar a Dios. Aunque su supervisor o compañeros de trabajo no aprecian su trabajo, aun así, hazlo como si fuera para el Señor. Muchas veces, me sentí menospreciada, sobrecargada de trabajo o rechazada, pero eso no me impidió trabajar como para el Señor. Colosenses 3:23 dice, "Hagan lo que hagan, trabajen de buena gana, como para el Señor y no como para nadie en este mundo." Sigue presionando como si fuera para el Señor porque a la larga, es Dios quien te recompensará.

Sexto, usted es una posesión capital para la comunidad y la nación. Sus habilidades y capacidades están diseñadas para su uso. Aún más, debes bendecir a otros. Como hijo del Dios Altísimo, representas el reino de Dios aquí en la tierra. Incluso si no lo parece, su tiempo, habilidades y esfuerzos están influenciando a otros de alguna manera. Está influyendo en su comunidad, estado o nación. Sea cual sea el nivel, sea local o estatal, si estás trabajando. Eres valioso y, a través de tus habilidades y destrezas, puedes influir en alguien. A través de su ayuda, una sonrisa, una actitud positiva y la capacidad de hacer un esfuerzo adicional, puede marcar la diferencia en el entorno que Dios le ha colocado.

Séptimo, Dios recibe gloria cuando su pueblo trabaja. Dios recibe gloria cuando su pueblo está trabajando para su reino o en trabajos seculares. Mientras estés donde se supone que debes estar y haciendo lo que se supone que debes hacer, Dios se deleita en el trabajo de tus manos. Una gran manera poderosa de que Dios se glorifique a sí mismo es trayendo Su décimo por ciento. Este es el poder más poderoso que Dios nos ha dado. Somos tan capaces y capaces de darle a Dios su décimo por ciento. Al darle a Dios el diez por ciento de nuestro trabajo, lo estamos honrando. Es un privilegio darle a Dios nuestros diezmos. Lamentablemente, es una gran revelación de la que carecen muchos cristianos.

CAPÍTULO 4

El Poder del Diezmo

Honra a Jehová con tus bienes, y con las primicias
de todos tus frutos; Y serán llenos tus graneros
con abundancia, y tus lagares rebosarán de mosto.
—Proverbios 3:9–10

Abel y Caín trajeron ofrendas al Señor. Además, Noé trajo
ofrendas al Señor, pero no fue hasta Abraham que vemos el primer
diezmo registrado. Esto está en Génesis 14: 18-20.

"Entonces Melquisedec, rey de Salem y sacerdote
del Dios Altísimo, sacó pan y vino; y le bendijo,
diciendo: Bendito sea Abram del Dios Altísimo,
creador de los cielos y de la tierra; y bendito sea
el Dios Altísimo, que entregó tus enemigos en tu
mano. Y le dio Abram los diezmos de todo."

Cuando Abraham dio sus primeros diezmos, experimentó otro
nivel de comprensión espiritual. ¿Cómo experimentó Abraham otro
nivel de comprensión espiritual? La respuesta nuevamente está en
Génesis 14: 21–24. Después de que Abraham dio los diezmos, el rey
de Sodoma lo alentó a tomar bienes para sí mismo, pero Abraham
se negó. El diablo sabe que cuando diezmas, Dios te va a bendecir.

Abraham se negó y dijo: "He alzado mi mano a Jehová Dios Altísimo, creador de los cielos y de la tierra, que, desde un hilo hasta una correa de calzado, nada tomaré de todo lo que es tuyo, para que no digas: Yo enriquecí a Abram" (Génesis 14: 22–23).

Abraham le dijo al rey que, si alguien lo haría rico, sería Dios. ¿Quién es este Dios? A quien él le dio sus diezmos por fe. Abraham le dijo al rey de Sodoma que había levantado la mano a Dios porque Abraham había practicado orar a Dios. Practicaba levantar sus manos hacia Dios, un símbolo de humildad, una forma de adorar o adoración a Dios. Abraham no dio sus diezmos para que Dios lo hiciera rico; lo hizo por quién era Dios en su vida, el Dios Altísimo, el poseedor del cielo y la tierra. Abraham le estaba diciendo al rey Sodoma: "Si necesito algo, solo le pido a Dios, y Él me lo proveerá."

Al no darse cuenta de esto, Abraham se preparó para encontrarse con Jehová-Jireh cuando estaba a punto de sacrificar a su hijo Isaac (Génesis 22:14). Abraham propuso en su corazón no tomar nada de este rey para evitar que este rey dijera que lo hizo rico.

¿Quieres experimentar otro nivel de comprensión espiritual? Da tus diezmos; Esto abrirá sus ojos espirituales a un nuevo nivel de comprensión. Muchos cristianos no pueden comprender esta comprensión espiritual debido a la falta de fe.

Hay diferentes opiniones sobre quién fue este Rey Melquisedec. Muchos estudiosos coinciden en que Melquisedec era descendiente de Noé, Sem. Otros eruditos cristianos creen que fue Jesús mismo. "El nombre Malki-Tzedek significa literalmente 'mi rey' y tzedek significa 'justo, virtuoso.'" Grypeou y Spurling afirman: "Una variedad de interpretaciones rabínicas dejan en claro que Abraham fue quien dio el diezmo a Melquisedec, y el énfasis está en la virtud de Abraham por su acción, más que en el estado de Melquisedec."[17]

---

[17] Grypeou and Spurling, The Book of Genesis in Late Antiquity: Encounters between Jewish and Christian Exegesis (London and Boston: Brill, 2013), 208.

Esta acción de fe de parte de Abraham lo lleva a sus bendiciones. Vemos esto en Génesis 24:1, "Ahora Abraham ya viejo, y bien avanzado en años; y Jehová había bendecido a Abraham en todo." Muchos quieren las bendiciones, pero no participan en la práctica fiel del diezmo. Esta interacción fue muy simbólica en muchos sentidos. De acuerdo con Grypeou y Spurling, "El énfasis en que Abraham dé el diezmo establece la práctica con él y lo describe como alguien que siguió la ley de Dios, incluso si esto aún no se había establecido."[18] Una transacción tuvo lugar entre Melquisedec y Abraham.

Hebreos 7 habla mucho sobre esta transacción entre Melquisedec y Abraham. Hebreos 7: 2, 4 dice, "A quien asimismo dio Abraham los diezmos de todo; cuyo nombre significa primeramente Rey de justicia, y también Rey de Salem, esto es, Rey de paz. Considerad, pues, cuán grande era éste, a quien aún Abraham el patriarca dio diezmos del botín."

Un hombre sin genealogía, como si fuera el Hijo de Dios, Abraham da sus diezmos por fe. La fe juega un papel importante porque la fe mueve montañas. Jesús les recordó a sus discípulos sobre el poder de tener fe. Mateo 17:20 dice, "Jesús les dijo: Por vuestra poca fe; porque de cierto os digo, que, si tuviereis fe como un grano de mostaza, diréis a este monte: Pásate de aquí allá, y se pasará; y nada os será imposible." Los discípulos querían el mismo poder que Jesús, pero sin la fe.

En el mundo espiritual, no funciona así. Hay principios que hay que seguir. Abraham era un hombre de fe. Jesús quería que sus discípulos tuvieran una mentalidad de fe pura. Jesús quiere que los cristianos piensen en fe, caminen en fe, vean las cosas en fe, escuchen las cosas en fe, hablen en fe y manifiesten las cosas en fe.

Diezmar es caminar en fe. Diezmar es obedecer la palabra de Dios. En la obediencia, hay bendiciones, por lo que diezmar

---

[18] Ibid., 209.

trae bendiciones. Los cristianos no diezman por los beneficios, sino porque queremos honrar a Dios a través del diezmo. Veamos Malaquías 3:7–12;

"Desde los días de vuestros padres os habéis apartado de mis leyes, y no las guardasteis. Volveos a mí, y yo me volveré a vosotros, ha dicho Jehová de los ejércitos. Mas dijisteis: ¿En qué hemos de volvernos? ¿Robará el hombre a Dios? Pues vosotros me habéis robado. Y dijisteis: ¿En qué te hemos robado? En vuestros diezmos y ofrendas. Malditos sois con maldición, porque vosotros, la nación toda, me habéis robado. Traed todos los diezmos al alfolí y haya alimento en mi casa; y probadme ahora en esto, dice Jehová de los ejércitos, si no os abriré las ventanas de los cielos, y derramaré sobre vosotros bendición hasta que sobreabunde. Reprenderé también por vosotros al devorador, y no os destruirá el fruto de la tierra, ni vuestra vid en el campo será estéril, dice Jehová de los ejércitos. Y todas las naciones os dirán bienaventurados; porque seréis tierra deseable, dice Jehová de los ejércitos."

Estos versículos muestran claramente el poder del diezmo y de no diezmar. Dios estaba reprendiendo al pueblo por no diezmar; ahora Dios reta a la gente a traer sus diezmos y ofrendas porque Dios reprenderá al devorador por ellos. Cuando diezmas, no solo es tener fe sino también confiar en Dios que Él reprenderá al devorador.

¿Por qué Dios les da la promesa de que reprenderá al devorador? Primero, porque Dios tiene el poder de reprender al devorador en nuestras vidas. Esto significa que Dios evitará que el diablo destruya nuestros matrimonios, familias, iglesias, finanzas, salud, etc. De acuerdo con Petterson, "la idea de la reprimenda parece ser restringir algo para que no tenga su efecto habitual."[19]

Segundo, desafiarlos a hacer la voluntad de Dios, pero también porque Dios sabía que el devorador, el diablo, estaba devorando su libertad, vida, bienes, familias y su nación. Malaquías, un profeta menor en el Antiguo Testamento, entró en escena cuando Judá estaba enfrentando las consecuencias de los pecados. La gente de Judá sentía que Dios los había abandonado y que Dios no los amaba. La realidad es que la gente de Judá se sentía así porque ellos fueron los que le dieron la espalda a Dios. A través de Malaquías, Dios le recordó a la gente de Judá que eran amados (Malaquías 1:2). Incluso los sacerdotes no estaban honrando a Dios. Sus ofrendas eran animales ciegos, cojos y enfermos (Malaquías 1:8). Ya no se respetaban las cosas de Dios, y el devorador llevó la corrupción a todos los niveles de Judá.

Diezmar no solo es una forma de obedecer a Dios, sino que es un acto de adoración a Dios. Según Taylor y Clendenen, "El problema en Malaquías 3:7–12 no es el diezmo sino la apostasía. Judá está acusado aquí de abandonar la bendición."[20] Aún más, Taylor y Clendenen afirman: "Al haber retenido para sí los diezmos y otras ofrendas que le debían a Dios, la gente mostró su corazón idólatra al colocarse ante Dios, y mostraron su corazón insensible al dejar a los levitas y a los pobres sin tierra para valerse por sí mismos."[21]

En su tiempo, Nehemías enfrentó un desafío con los sacerdotes, Eliasib y Tobías. La historia está en Nehemías 13: 4–13. El sacerdote Eliasib le dio a Tobías la gran sala que contenía las ofrendas, los diezmos y otros artículos que eran para los levitas, cantantes, guardianes y sacerdotes. Aún más, los

---

[19] Anthony R. Petterson, *Haggai, Zechariah & Malachi Apollos Old Testament Commentary* (Downers Grove, Ill.: IVP Academic, 2015), 338.
[20] Richard A. Taylor, and E. Ray Clendenen, *The New American Commentary Haggai, Malachi Vol 21A* (Nashville: B & H Publishing Group, 2004), 346.
[21] Ibid.

levitas nunca recibieron su porción, y los cantantes volvieron a sus trabajos regulares. Alguien estaba robando los diezmos, incluso las ofrendas, y Nehemías dijo: "¿Por qué está la casa de Dios abandonada?" (Nehemías 13:11).

Nehemías claramente sabía la verdad: la terquedad en los corazones de esos hombres y mujeres al no seguir los mandamientos de Dios llevaría a la nación de regreso al territorio del enemigo. De acuerdo con Petterson, "El descuido del diezmo claramente tenía implicaciones sociales y religiosas más amplias. No solo contribuiría a la negligencia del templo, sino que también demostró una falla en reflejar el carácter de Yahweh como alguien preocupado por los débiles y vulnerables en la sociedad."[22] Muchos dirán que estos versículos solo se aplican al antiguo pacto y no al nuevo. La fe jugó un papel importante en el antiguo pacto y en el Nuevo Testamento y sigue desempeñando el papel más importante en el cristianismo.

Los fariseos y herodianos confrontaron a Jesús haciéndole preguntas. "¿Es lícito dar tributo a César, o no?" (Mateo 22:17). Jesús conocía sus corazones malvados, pero la sabiduría infinita de Dios respondió: "Dad, pues, a César lo que es de César, y a Dios lo que es de Dios" (Mateo 22:21).

Jesús reconoce y respalda que los cristianos deben darle a Dios las cosas que son de Dios. Esto incluye los diezmos y las ofrendas. El ministerio de Jesús fue un ministerio de fe, y la fe es necesaria para el nuevo pacto. Diezmar es un acto de fe, una forma de adorar a Dios, honrarlo y expandir el reino de Dios. No es que Dios necesite el dinero porque es el dueño del oro y la plata.

Encontramos esta verdad en Hageo 2:8, "Mía es la plata, y mío es el oro, dice Jehová de los ejércitos." Cuando el profeta Hageo pronunció estas palabras, las refirió a las personas que estaban en Jerusalén reconstruyendo el templo. De acuerdo con Taylor y Clendenen, "Hageo argumenta que las dificultades económicas y

---

[22] Petterson, 107.

financieras que la gente estaba experimentando, lejos de ser una excusa adecuada por su falta de progreso sustantivo en el trabajo que se les asignó, eran en realidad un juicio divino dirigido contra ellos por sus fallas en este sentido."[23]

Hageo le recordó a la gente que, si te enfocas en tus dificultades o necesidades financieras antes de Dios, genera un ciclo, te encontrarás en la misma posición. A través de sus palabras, Hageo quería que la gente en Jerusalén se excitara por Dios, encender por pasión por Dios, se enfocaran en Dios y confiara en Dios incluso en lo que respecta a sus necesidades. Porque cuando uno se enfoca en Dios, Dios se enfocará en tus necesidades y proveerá tus necesidades.

Ahora recuerdo una de mis experiencias personales. Una vez el enemigo me tuvo en un ciclo donde encontré una excusa para no diezmar. Cuando tenía veintitantos años, tratando de vivir de manera independiente y responsable, mi cheque de pago no cumplía con todas mis necesidades. Como un gran ejemplo, calcularía todas mis facturas, y el cheque de pago no las cubría todas. Eso me dejó sin pagar los diezmos porque no tenía suficiente. Este ciclo siempre me dejaba sin dinero y apenas me dejaba con algo hasta esperar por mi próximo cheque. Esto es exactamente la realidad de muchos cristianos que viven actualmente. El enemigo los tiene en esta trampa de apenas sobrevivir e incluso incapaz de satisfacer sus necesidades. El enemigo es un mentiroso. Su único trabajo es robar, matar y destruir.

No fue hasta que decidí diezmar primero. Cuando puse en práctica la acción de poner a Dios primero en la forma en que manejaba mis finanzas, pronto me di cuenta de que la Palabra de Dios no se anuló en mi vida. Más bien, la Palabra de Dios estaba activa y viva, y pude comprender el significado de los versículos que se encuentran en Malaquías 3: 7–12. Pon a Dios primero en todas tus finanzas y mira a Dios reprender al enemigo en tu

---

[23] Taylor and Clendenen, 97.

nombre. Cuando un cristiano diezma, está ganando una de las mayores batallas espirituales.

De nuevo, Malaquías 3:11 dice, "Reprenderé también por vosotros al devorador." De acuerdo con Petterson, "Por ejemplo, en Nahúm 1:4 cuando el mar es reprendido, se seca. Cuando Satanás es reprendido en Zacarías 3:2, su acusación es retenida. En Malaquías 3:11, cuando el devorador es reprendido, está restringido."[24]

No tienes que contenerlo; Dios restringirá al devorador por ti, y esto es una promesa. Recomiendo usar el poder del diezmo, dejar que Dios reprenda al devorador fuera de tu vida y ver la promesa de Dios de cumplirse en tu vida.

---

[24] Petterson, 339.

CAPÍTULO 5

El Poder de la Multiplicación

> Y los hijos de Israel fructificaron y se multiplicaron,
> y fueron aumentados y fortalecidos en extremo, y
> se llenó de ellos la tierra.
>
> — Éxodo 1:7

La palabra *rabah* (רָבָה) que significa *multiplicar* está en la Biblia 226 veces. Otros significados que se le atribuyen a esta palabra son hacer grande, agrandar, hacer mucho en respeto y en extremo. Estas son palabras poderosas con mucha gloria. Dios coronó a Adán y Eva con estas palabras: "Multiplícate y sé fructífero." Dios coronó a Noé con las mismas palabras. Dios coronó a Abraham y Jacob hasta que surgió una nación.

Dios demostró su poder de multiplicación de muchas maneras. Veamos Éxodo 1:7, "Y los hijos de Israel fructificaron y se multiplicaron, y fueron aumentados y fortalecidos en extremo, y se llenó de ellos la tierra." Nuevamente, vemos que las palabras se multiplicaron y que *fueron aumentados y fortalecidos en extremo* van de mano en mano en este versículo. Las promesas de Dios fueron activas y vivas porque el pueblo hebreo estaba en la voluntad de Dios en el lugar correcto en el momento correcto.

¿Cómo sabemos que estaban en el lugar correcto y en el momento correcto? Echemos un vistazo a lo que Dios le dijo a

Abraham en Génesis 15:13–14, "Entonces Jehová dijo a Abram: Ten por cierto que tu descendencia morará en tierra ajena, y será esclava allí, y será oprimida cuatrocientos años. Mas también a la nación a la cual servirán, juzgaré yo; y después de esto saldrán con gran riqueza."

Incluso cuando Faraón exigió que las parteras mataran a todos los bebés, Dios intervino. Las parteras temían a Dios, y la Palabra de Dios dice que la gente se multiplicó y se hizo muy poderosa. Dios creó la multiplicación. Dios tiene la fórmula de cómo funciona la multiplicación. En matemáticas, el símbolo de multiplicación es x. También se conoce como *producto o multiplicar por*. Los humanos piensan que inventaron la multiplicación, pero el verdadero creador de la multiplicación es Dios.

Faraón resistió a Dios, y Dios sabía que esto sucedería. Es por eso por lo que Dios le dijo a Moisés, "Pero yo extenderé mi mano, y heriré a Egipto con todas mis maravillas que haré en él, y entonces os dejará ir" (Éxodo 3:20). La multiplicación es parte de las maravillas de Dios. Dios usó el poder de la multiplicación para demostrar su poderoso poder a todo Egipto. Mediante el poder de la multiplicación, Dios aplastó al enemigo de los hebreos con plagas. No solo una plaga, sino nueve. Todos los peces murieron en Egipto debido a las aguas contaminadas con sangre. Otra plaga fue la innumerable cantidad de ranas que aparecieron en todo Egipto. Otra plaga fueron las langostas que comieron todos los cultivos en Egipto. El punto que estoy tratando de aclarar aquí es que Dios usará su poder de multiplicación para glorificar Su poderoso nombre y cumplir Su propósito divino.

A través del poder de la multiplicación, Dios puede aplastar a nuestros enemigos, aquellos que le han causado dolor, lo rechazaron, lo menospreciaron o no le pagaron su debido salario. Tus enemigos no prosperarán ante ti, pero seguramente mantente firme en la Palabra de Dios. Cree y declara Deuteronomio 28:7, "Jehová derrotará a tus enemigos que se levantaren contra ti; por un camino saldrán contra ti, y por siete caminos huirán de delante de ti." Recuerde lo que dice en Mateo 24:35, "El cielo y la tierra pasarán, pero mis palabras no pasarán."

Una vez más, de ninguna manera pasará, así que sigue creyendo, declarando y confiando en Dios porque Isaías 41:12 dice, "Buscarás a los que tienen contienda contigo, y no los hallarás; serán como nada, y como cosa que no es, aquellos que te hacen la guerra." Dios utiliza el poder de la multiplicación no solo para aplastar al enemigo de los hebreos, sino también para darles la salida de Egipto, de la esclavitud y entrar al desierto para adorar a Dios.

Mientras estaban en el desierto, Dios demostró su poder de multiplicación. Dios proveyó el maná para las multitudes. Dios le habló a Moisés: "He aquí yo os haré llover pan del cielo" (Éxodo 16: 4).

Otro gran ejemplo del poder de la multiplicación se encuentra en 2 Reyes 4: 42–44 a través del profeta Eliseo. En aquellos días, había hambre en la tierra; El profeta Eliseo estaba activo en su ministerio. Un hombre "el cual trajo al varón de Dios panes de primicias, veinte panes de cebada, y trigo nuevo en su espiga." Eliseo le dijo al hombre que se lo diera a los cien hombres que tenían delante. Uno puede imaginar la cara perpleja del hombre. Es imposible alimentar a cien hombres cuando esta comida es quizás para veinte personas.

Eliseo dijo nuevamente: "Da a la gente para que coma, porque así ha dicho Jehová: Comerán, y sobrará" (2 Reyes 4:43). Entonces el hombre hizo lo que Eliseo le dijo, y he aquí, comieron y les sobró un poco. Dios provee a través del poder de la multiplicación.

El Hijo de Dios, Jesús, demostró el poder de la multiplicación. A través de milagros y maravillas sobrenaturales, Jesús utiliza el poder de la multiplicación para alcanzar a los perdidos. En Mateo 18:11, Jesús dice, "Porque el Hijo del Hombre ha venido para salvar lo que se había perdido." Jesús entendió cómo funcionaba el poder de la multiplicación, y lo usó en su ministerio. Esto atrajo mucha gente o multitudes para venir a verlo. Jesús tenía el poder de ministrar a las multitudes porque sabía cómo funciona el poder de la multiplicación. Jesús tenía algo que ofrecer y tenía la capacidad de dar, y uno de ellos es el poder de la multiplicación. Marcos 6:34 dice, "Y salió Jesús y vio una gran multitud, y tuvo compasión de ellos, porque eran como ovejas que no tenían pastor; y comenzó a enseñarles muchas cosas."

Los fariseos, saduceos, esenios o zelotes actuaban demasiado santos para Jesús. Rechazaron a Jesús, sin embargo, eso no le impidió utilizar su gran poder para hacer muchos milagros y maravillas. Muchos recibieron sanidades, perdón de pecados o liberación de posesiones demoníacas. A través del poder de la multiplicación, muchos recibieron a Jesús porque enseñó la salvación y demostró el poder a las multitudes. La multitud vio las muchas maravillas que Jesús realizó, como sanar a los enfermos, dar a las personas su fe y proporcionar esperanza en Dios y en su futuro.

Un día, Jesús tenía multitudes delante de Él, y los discípulos le sugirieron que los enviara lejos, pero Jesús sabía el poder de la multiplicación. Los discípulos dijeron que solo había cinco panes y dos peces. Todos los evangelios comparten esta historia: Mateo 14: 13–21, Marcos 6:30–44, Lucas 9:10–17 y Juan 6:1–15. Todos tienen relatos similares sobre cómo Jesús miró al cielo, lo bendijo, dio gracias y distribuyó entre todas las personas reunidas ese día.

Cualquiera sea el área de tu vida que tienes carencia o te falte, no dudes en mirar al cielo donde está tu Padre Dios y luego bendecir. Ora por tu carencia o falta de necesidades en tu situación y bendice tu situación. Da gracias de antemano y rómpelo como lo hizo Jesús. Hazlo en el reino espiritual.

Después de que Jesús bendijo el pan y dio gracias, partió el pan, como diciendo: "Ya está hecho." La consecuencia de este milagro fue que cada persona allí quedó satisfecha. Aún más, las sobras eran doce cestas llenas.

Dios ha coronado a hombres y mujeres para multiplicarse. La habilidad está ahí. Hombres y mujeres son capaces de multiplicarse. Somos capaces de multiplicar las obras de nuestras manos. Nuestro trabajo puede ser extremadamente. La multiplicación aparece en diferentes formas no solo en el ámbito físico sino también primero en el ámbito espiritual. Vivimos en un mundo espiritual. Entonces las cosas se manifiestan en el mundo físico.

La multiplicación del pecado es activa y viva. Si bien todavía hay hombres y mujeres que viven sin Dios y practican el mal, la multiplicación del pecado es evidente. Stevenson et al., En lo que respecta a Ezequiel 16:25, afirman, "Las abominaciones conducen a la multiplicación del pecado."[25] La multiplicación del pecado en las antiguas ciudades de Sodoma y Gomorra los llevó a su propia destrucción.

Genesis 18:20-21 se lee, "Entonces Jehová le dijo: Por cuanto el clamor contra Sodoma y Gomorra se aumenta más y más, y el pecado de ellos se ha agravado en extremo, descenderé ahora, y veré si han consumado su obra según el clamor que ha venido hasta mí; y si no, lo sabré."

El clamor de las consecuencias del pecado llegó al trono de Dios. La multiplicación del pecado llevó a Israel a caer muchas veces ante sus enemigos, incluso hasta el punto de cautiverio. La multiplicación del pecado ha hecho que las naciones desaparezcan de la tierra y ha maldecido tierras, naciones e incluso genealogías.

Hace un par de años, leí un artículo en línea, y quedé muy impresionada, así que incluso lo compartí con mis seguidores en las redes sociales. Es el linaje del pastor John Edwards y Max Jukes. Según Winship, "Los Jukes es un nombre dado a una gran familia de degenerados, no es el nombre real de ninguna familia, sino un término general aplicado a cuarenta y dos nombres

---

[25] Kenneth Stevenson, Michael Glerup, Thomas C. Oden, and C. Thomas McCollough, *Ancient Christian Commentary on Scripture Old Testament XII Ezekiel, Daniel* (Downers Grove, Ill.: IVP Academic, 2008), 116.

diferentes llevados por aquellos en cuyas venas fluye la sangre de un hombre."[26]

La palabra *Jukes* tiene varios significados, pero el significado interesante se refiere a "personas que son demasiado indolentes, perezosas para ponerse de pie o sentarse, pero se extienden por todas partes."[27] Aquí hay un breve resumen de la línea de sangre de Jukes y Edwards:

Jukes

"Trescientos diez de los mil doscientos descendientes eran muy pobres, pordioseros o mendigos. (Esto es en un lapso de 2,300 años.) Trescientos murieron en la infancia por falta de buena atención y buenas condiciones. Cincuenta mujeres se creen estar en prostitución. Cuatrocientos hombres y mujeres destruidos a temprana edad por su propia maldad. Hubo siete asesinos. Sesenta eran ladrones. Ciento treinta criminales."[28]

Edwards

"Cien abogados. Treinta jueces. Trece presidentes universitarios y cien y más profesores. Sesenta médicos. Cien clérigos, misioneros y profesores de teología. Ochenta elegidos para cargos públicos, incluidos tres alcaldes, tres gobernadores y varios miembros del congreso, tres senadores y un vicepresidente. Sesenta han alcanzado prominencia en la vida de autor o editorial, con 135 libros de mérito. Setenta y cinco oficiales del ejército o la armada."[29]

El pecado no es beneficioso. Todos hemos pecado. Romanos 5:12 dice, "Por tanto, como el pecado entró en el mundo por un hombre, y por el pecado la muerte, así la muerte pasó a todos los

---

[26] A. E. Winship, *Jukes-Edwards A Study in Education and Heredity* (Harrisburg, Penn.: R. L. Myers & Co., 2005), 5.

[27] Ibid.

[28] Ibid.

[29] Ibid.

hombres, por cuanto todos pecaron." Pablo declaró en Romanos 6, "¿Qué, pues, diremos? ¿Perseveraremos en el pecado para que la gracia abunde?"

Aquí está la respuesta a lo que comenzó en Romanos 5:20–21, "Pero la ley se introdujo para que el pecado abundase; más cuando el pecado abundó, sobreabundó la gracia; para que, así como el pecado reinó para muerte, así también la gracia reine por la justicia para vida eterna mediante Jesucristo, Señor nuestro."

Schreiner afirma: "Si la multiplicación del pecado pone en relieve el carácter incomparable de la gracia de Dios, entonces el pecado finalmente parecería beneficioso. En Romanos 6:2–14, Pablo rechaza ferozmente tal conclusión argumentando que la gracia que recibieron los creyentes es tan poderosa que rompe el dominio del pecado."[30]

La gracia viene de Dios, quien la da gratuitamente a todos los que lo aceptan. Aún más, Schreiner afirma: "La gracia no implica simplemente el perdón de los pecados; También implica una transferencia de señorío, para que los creyentes ya no estén bajo la tiranía del pecado. A medida que los creyentes experimentan la victoria sobre el pecado, aumenta su confianza en un triunfo total y completo sobre el pecado y la muerte."[31]

Como cristianos, no podemos cambiar el pasado, los errores pasados de nuestros antepasados y nuestros errores, pero sin duda, hay esperanza para el presente y el futuro. A través de Jesús, podemos impartir un legado a nuestra generación y futuras generaciones. Solo Dios puede ayudarnos a impartir el poder de la multiplicación para el bien y romper cada maldición para que nuestras generaciones futuras puedan tener un impacto en el mundo.

---

[30] Thomas R. Schreiner, *Romans Baker Exegetical Commentary of the New Testament* (Grand Rapids, Mich.: Baker Academic, 1998), 14n.
[31] Ibid.

CAPÍTULO 6

Sea Fructífero

Bendito el varón que confía en Jehová, y cuya
confianza es Jehová. Porque será como el árbol
plantado junto a las aguas, que junto a la corriente
echará sus raíces, y no verá cuando viene el calor,
sino que su hoja estará verde; y en el año de sequía
no se fatigará, ni dejará de dar fruto.

— Jeremías 17:7–8

Jeremías es otro gran profeta en el Antiguo Testamento. Jeremías
profetizó al Reino del Sur de Judá. Conocido como el profeta llorón,
Jeremías advirtió al pueblo sobre sus pecados y sus consecuencias,
pero el pueblo no lo escuchó. De acuerdo con Longman, "a la luz
del peligro militar que enfrenta Judá, aquellos que tomaron en
serio esta lección recurrirían a Dios en busca de protección y no a
sus propias armas y defensas ni a alianzas políticas con naciones
como Egipto."[32] La Nueva Versión King James dice "ni dejara de
dar fruto", mientras que otras versiones usan "no cesa de dar fruto."
Antes de dar fruto, hay que sembrar. Confiar en Dios es el primer
paso para sembrar.

---

[32] Tremper Longman III, *Jeremiah, Lamentations Understanding the Bible
Commentary Series* (Grand Rapids, Mich.: Baker Books, 2008), 200.

La agricultura ha recorrido un largo camino. Con el paso del tiempo, el desarrollo de la agricultura mejoró. Los arqueólogos creían que "los egipcios y los mesopotámicos (c. 3000 a. C.) fueron las primeras personas en organizar la agricultura a gran escala, utilizando técnicas de riego y estiércol como fertilizante. Poco después, la agricultura formó las bases de sociedades en China, India, Europa, México y Perú."[33]

Incluso en la época romana, la práctica de la agricultura fue evidente. Aquí en América y Europa, se produjeron grandes cambios cuando llegó el período industrial. Aunque la agricultura ha recorrido un largo camino, la misma fórmula básica sigue siendo vital, como el sembrador necesita poner la semilla en un terreno fértil y luego esperar hasta que la planta crezca para ver los frutos del trabajo. Este proceso puede llevar meses o incluso años. Dos elementos clave importantes son que el sembrador debe sembrar en terreno fértil o bueno; luego, el sembrador debe tener paciencia. Para ser fructífero, uno debe tener paciencia.

Un trabajo de verano estaba disponible para los estudiantes que querían trabajar en el verano. Mis primos, Mari, Ben y Moisés; mi hermana Jan; mi hermano Papo; y yo decidimos probarlo. No sé si ha viajado por el estado de Indiana en los días de verano. Puedes ver miles de acres llenos de fructíferos campos de maíz. Nuestro trabajo era simple, recoger maíz. El trabajo parecía simple, y era dinero fácil.

El primer día, nos dimos cuenta de lo difícil que era este trabajo. Podía escuchar a mis primos y a mi hermano quejarse y decir que no volverían al día siguiente. Traté de concentrarme en el trabajo. Lo que hizo imposible trabajar fueron los insectos, la humedad, el sol y los quejosos.

En ese primer día, todos mis primos y mi hermano renunciaron. Mi hermana y yo decidimos seguir adelante hasta que obtuvimos

---

[33] Steve Luck, *American Desk Encyclopedia* (New York: Oxford University Press, Inc., 1998), 13.

nuestro primer cheque. Efectivamente, nos apegamos al plan, pero ese día cuando recibimos nuestro primer cheque, ambos nos enfermamos por el agotamiento del calor.

Mi padre y el resto de la familia estaban felices porque a mi hermana y a mí nos pagaron el primer cheque. Aún más, de ese cheque esa noche, comieron pizza en nuestro nombre mientras Jan y yo estábamos enfermas en la cama. Sin embargo, mi hermana Jan y yo nos dimos de cuenta de que valía la pena trabajar, así que terminamos el verano fuerte, trabajando en los campos de maíz.

Ese verano me prometí a mí misma que nunca trabajaría en otro campo de maíz. Bendigo a las personas que disfrutan trabajando en la agricultura o en la granja, pero no es para mí. Aprendí mucho de ese trabajo de verano, y fue la primera vez que vi a alguien comer un sándwich de tomate. Nunca supe que podías hacer un sándwich de tomate puro, mayonesa, lechuga y queso.

El antónimo de fructífero es estéril, inútil, desventajoso, desfavorable, poco servicial, infructuoso, inservible, sin ningún valor, impotente, ineficaz, vano o improductivo. Cole menciona que, "aparte de las tormentas que Jesús calmo (aquí y 6:51), Marcos registra a Jesús como multiplicador de panes (6:41 y 8:6) y marchitando una higuera (11:20): por lo tanto, acepta completamente el poder de Jesús sobre el mundo natural, como Hijo de Dios."[34]

Mateo y Lucas cuentan la historia de la higuera, pero solo Marcos cuenta la historia en un orden cronológico. En Marcos 11:19–25, la historia comienza que, en la mañana, Jesús y sus discípulos estaban pasando por una higuera. Mateo 21:18–19 dice que Jesús tenía hambre al ver una higuera en el camino. Naturalmente, Jesús esperaba ver frutos. Lamentablemente, Jesús no encontró nada, solamente hojas. La higuera parecía estar lista y fructífera, pero no lo estaba. Mateo dice en 21:19 que Jesús maldijo

---

[34] R. Alan Cole, Mark Tyndale New Testament Commentaries Volume 2 (Downers Grove, Ill.: IVP Academic, 1989), 157.

a la higuera, y Jesús dijo: "Nunca jamás nazca de ti fruto. Y luego se secó la higuera." Inmediatamente la higuera se marchitó. Jesús les dijo a sus discípulos con respecto a conocer la estación: "De la higuera aprended la parábola: Cuando ya su rama está tierna, y brotan las hojas, sabéis que el verano está cerca" (Mateo 24:32).

Hay tantas lecciones que aprender de la higuera. Génesis 3:7 dice que Adán y Eva cosieron las hojas de higuera juntas para cubrirse después de darse cuenta de que estaban desnudos. Nadie les dijo a Adán y Eva que se escondieran de la presencia de Dios, pero debido a que pecaron automáticamente, los llevó a hacer cosas fuera del carácter de Dios.

El pecado trae vergüenza y deshonra. En el llamado de Natanael a convertirse en discípulo, Jesús le reveló a Natanael que estaba debajo de una higuera. Cuando Jesús vio a Natanael caminando hacia él, Jesús dijo: "He aquí un verdadero israelita, en quien no hay engaño" (Juan 1:47). Jesús sabía que Natanael aceptaría el llamado, sería un discípulo y daría frutos para el reino de Dios. Si no fuera fructífero, Jesús nunca habría llamado a Natanael para ser uno de sus discípulos.

Ahora Jesús maldijo la higuera, y la maldición trajo cambios a la planta. Se marchitó, es decir, se secó o se consumió. De acuerdo con Dockrey, Godwin, y Godwin, "Jesús puso una maldición sobre una higuera, un árbol que ocupaba espacio y alimento, pero no daba fruto."[35] Lucas menciona una historia similar en la que Jesús dio una parábola con respecto a una higuera estéril (Lucas 13:6–9). Un hombre plantó una higuera, pero durante tres años, el árbol no produjo. Entonces el hombre sugirió que cortaran la higuera.

Para este hombre, la higuera tomaba espacio y alimento del suelo, pero no producía. La higuera era lo suficientemente inteligente como para ocupar espacio y, además, nutrirse del

---

[35] Karen Dockrey, Johnnie Godwin, and Phyllis Godwin, *The Student Bible Dictionary* (Uhrichsville, Ohio: Barbour Publishing, 2000), 93.

suelo o la tierra, pero era floja para producir. Los discípulos no entendieron muchas de las parábolas de Jesús, pero en referencia a maldecir la higuera, esto es paralelo a "la limpieza del templo son signos de juicio divino sobre las prácticas religiosas vacías de Israel."[36] Jesús no aprobó que el templo se usara como un mercado donde la gente se concentraba más en los bienes vendidos en el mercado en lugar de usar el templo para lo que estaba destinado. Es por eso por lo que Jesús dice, "Mi casa, casa de oración será llamada" (Mateo 21:13).

Otro gran mensaje que Jesús impartió a sus discípulos es la oración. Para ser fructífero, el acto de orar es una necesidad. Jesús vivió una vida de oración ejemplar. Los cristianos deben vivir una vida de oración. Especialmente orar por la voluntad de Dios en nuestra vida diaria es necesario. Jesús siempre oró por la voluntad de Dios en su vida. De acuerdo con Cole, "Este es un recordatorio para nosotros de que la oración no es simplemente pedirle a Dios las cosas agradables que podamos desear, sino un anhelo sincero y entrar en la voluntad de Dios, para nosotros mismos y para los demás, ya sea dulce o amargo. Esta fue la oración de Jesús en Getsemaní (Marcos 14:35–36), y tales oraciones siempre serán respondidas por Dios."[37]

En Marcos 11:21, Pedro notó la higuera marchita y dijo: "Maestro, mira, la higuera que maldijiste se ha secado." Jesús respondió: "Tened fe en Dios." Tener fe en Dios es parte de orar porque orar es hablar con Dios. De acuerdo con Cole, "La fe no se elige arbitrariamente como una condición de oración: es la condición básica de toda nuestra relación con Dios (Hebreos 11: 6), incluida la oración."[38]

La oración de fe produce frutos en el Espíritu. A través de las oraciones, Dios manifiesta los deseos del corazón de los santos.

---

[36] Thomas D. Lea and David Alan Black, *The New Testament Its Background and Message*, 2nd ed. (Nashville: B & H Academic, 2003), 247.

[37] Cole, *Mark Tyndale New Testament Commentaries*, 261.

[38] Ibid., 262.

La oración de fe más importante es orar por la voluntad de Dios para nuestra nación, familias, amigos y vidas. Si algún cristiano quiere tener una vida fructífera, intente orar por fe. ¡Funciona!

Antes de ir al ejército, mi madre compartió su testimonio conmigo. Un par de años después de casarse quería quedar embarazada, pero no tuvo éxito. Ella pensó que no podía tener hijos. Un evangelista llamado Yiye Ávila estaba predicando por la radio y orando por los enfermos. Mi madre me dijo que el evangelista alentó a todas las mujeres que no podían tener hijos a poner sus manos sobre la radio porque iba a orar por sanidades y milagros.

Por fe, mi madre colocó sus manos sobre la radio, creyendo que Dios abriría su matriz para tener hijos. Yo fui su primera hija, y menos de un año después de mi nacimiento, ella tuvo otra bebé. Luego tuvo otro hijo y otro. Dios le dio a mi madre siete hijos. ¡Para la gloria de Dios, compartí su testimonio para demostrar que la oración es poderosa! Muchas mujeres en la Biblia eran estériles. A través de las oraciones, Dios abrió sus vientres, y se volvieron fructíferas, como Sara, Rebeca, Raquel, Ana o Elizabet.

Me rompe el corazón cómo tantos cristianos van a las iglesias que están muertos espiritualmente por falta de oración. Las iglesias primitivas estaban llenas de hombres y mujeres que oraban y ayunaban. Hace un par de meses, prediqué sobre tener una vida de oración y los resultados. Uno de los ejemplos que di fue la historia del gran avivamiento en la calle Azusa, donde William J. Seymour se dedicó a orar y ayunar. Este hombre, según la historia, oraba por horas. ¿Es posible? Por supuesto, porque yo he experimentado el poder de la oración.

Un par de semanas después, una mujer cristiana se me acerca y me dijo que la gente de hoy no oran por horas. Tenía que estar en desacuerdo con ella y hacerle saber que todavía hay intercesores, hombres y mujeres de Dios que tienen una vida de oración. Me rompe el corazón cómo el enemigo ha engañado a las iglesias para que no tengan reuniones de oración. Los pastores no están orando y están espiritualmente muertos. Mientras el enemigo mantenga a la iglesia durmiendo espiritualmente o muerta espiritualmente, no habrá cambios extraordinarios, experiencias sobrenaturales o testimonios poderosos. ¿Dónde está la demostración del poder de Dios? Si somos seguidores de Jesús y se supone que debemos hacer cosas aún mayores, ¿Dónde está la demostración de poder?

La mayoría de nosotros estará de acuerdo de que es beneficioso tener trabajos fructíferos, relaciones fructíferas o matrimonios fructíferos. Tener un negocio fructífero puede generar más ingresos, más clientes, y oportunidades. Los pastores quieren dar mensajes fructíferos en el altar y tener una congregación fructífera. Los líderes quieren tener un ministerio fructífero. La mayoría de nosotros queremos vivir en una nación fructífera. Como individuo de una sociedad, uno debe esforzarse por ser fructífero en nuestra sociedad. La pregunta que debe hacerse es: ¿estamos dispuestos a pagar el precio? Hechos 9:36–43 relata una historia de una mujer llamada Dorcas. Ella falleció, y la gente de su sociedad estaba triste. "Esta abundaba en buenas obras y en limosnas que hacía" (Hechos 9:36).

En el funeral, todas las viudas lloraban, mostrando las túnicas y los vestidos que Dorcas había hecho mientras estaba con ellas en vida. Esta era una mujer que significaba mucho para su sociedad; ella fue fructífera en sus obras. Dorcas hizo un impacto en el lugar donde fue plantada. Como cristianos, podemos estar honestamente de acuerdo en que queremos ser fructíferos en cada área de nuestras vidas. Dondequiera que Dios te haya plantado, sé fructífero. Deja una marca o una huella. Sé una bendición, no una maldición. Usa tu espacio para trabajar, crecer y dar frutos.

El salmista da algunas pistas sobre cómo ser fructífero. El Salmo 1: 1–3 dice, "Bienaventurado el varón que no anduvo en consejo de malos, ni estuvo en camino de pecadores, ni en silla de escarnecedores se ha sentado; sino que en la ley de Jehová está su delicia, y en su ley medita de día y de noche. Será como árbol plantado junto a corrientes de aguas, que da su fruto en su tiempo, y su hoja no cae; y todo lo que hace, prosperará."

Este es un salmo de sabiduría, así que aprovechemos sus ideas. Kartje dice, "El Salmo 1 contiene dos metáforas conceptuales: la vida es un viaje y las personas son plantas."[39] Bienaventurada cualquier persona que se aleje del camino impío que solo conduce a la destrucción. En el camino impío, solo hay pecado y rebelión contra Dios. El buen camino conduce a la salvación; El mal camino conduce a la destrucción.

En este viaje de la vida, todos tomamos decisiones diarias. Muchas veces, necesitamos consejo. Deja que Dios sea tu primer consejo. Dios es sabiduría, y en Él están las respuestas que muchas veces necesitamos y buscamos. En el pasado, cometí el error de escuchar a personas impías en busca de consejo en lugar de buscar a Dios por su ayuda. Lamentablemente, la decisión que tomé trajo en mi vida muchas frustraciones e inquietudes. A menudo, tomar decisiones equivocadas puede ser costoso, consume tiempo o energías, y se convierten en años perdidos.

El salmista anima a sus lectores a deleitarse en la ley de la palabra de Dios. Aún más, el salmista dice que medites en la palabra de Dios día y noche, porque cuando hagas esto, seguro que cualquier cosa que hagas prosperará. Cuando te levantes por la mañana, dale a Dios tus primeros pensamientos. Búscalo en la mañana. Tómese el tiempo para meditar en la Biblia. Léelo, memorízalo, absorbe, habla, declara y ora con la Palabra. Isaac, hijo de Abraham, se convirtió en un hombre próspero. Génesis 24:63 dice, "Y había salido Isaac a meditar al campo, a la hora de la tarde; y alzando sus ojos miró, y he aquí los camellos que

---

[39] John Kartje, *Wisdom Epistemology in the Psalter A Study of Psalms 1, 73, 90, and 107* (Berlin and Boston: De Gruyter, 2014), 81.

venían." Isaac practicaba la meditación. A propósito, se tomó el tiempo para meditar. Como cristianos, debemos hacer lo mismo. Intencionalmente apartar el tiempo para meditar en la Escritura. Es una forma de reverencia a Dios.

Kartje menciona: "Los justos están bien enraizados, están cerca de una fuente de vida (agua), producen frutos en el momento adecuado y nunca se marchitan. La salud de una planta se mide únicamente por su fertilidad: por la vitalidad de su follaje y la abundancia de sus productos."[40] Esto me recuerda a la mujer de Samaria que vino al pozo buscando agua. Jesús le dijo: "Mas el que bebiere del agua que yo le daré, no tendrá sed jamás; sino que el agua que yo le daré será en él una fuente de agua que salte para vida eterna" (Juan 4:14). ¡Jesús es el agua viva! Necesitamos estar enraizados en Él si queremos tener una vida fructífera. ¿Cómo podemos ser de bendiciones para otros si no estamos arraigados correctamente en la Palabra o en Él? ¿Cómo podemos ser un testimonio para los demás si estamos caminando por el camino del impío? Debemos pagar el sacrificio, ser santos, caminar por el sendero piadoso, meditar en la palabra y ser hacedores de la palabra.

¿Cómo sabes si eres un hacedor de la palabra? Por sus frutos. Jesús advirtió a sus discípulos a estar al tanto de los falsos profetas. Entonces Jesús utilizó una parábola sobre los frutos. Traigo este pasaje, Mateo 7:16–20, con el propósito de lograr una mayor comprensión de la palabra *fructificar*. Jesús dijo,

> "Por sus frutos los conoceréis. ¿Acaso se recogen uvas de los espinos, o higos de los abrojos? Así, todo buen árbol da buenos frutos, pero el árbol malo da frutos malos. No puede el buen árbol dar malos frutos, ni el árbol malo dar frutos buenos. Todo árbol que no da buen fruto es cortado y echado en el fuego. Así que, por sus frutos los conoceréis."

---

[40] Kartje, *Wisdom Epistemology in the Psalter*, 83.

¿Qué frutos llevas? Cuando el mundo te ve, ¿ven frutos buenos o malos?

Incluso Pablo compartió con los gálatas acerca de dar frutos. Aún más, Pablo hizo una distinción entre las obras de la carne versus los frutos del espíritu. O somos fructíferos en el espíritu u operamos bajo la carne. Gálatas 5:19–23 dice,

> "Y manifiestas son las obras de la carne, que son: adulterio, fornicación, inmundicia, lascivia, idolatría, hechicerías, enemistades, pleitos, celos, iras, contiendas, disensiones, herejías, envidias, homicidios, borracheras, orgías, y cosas semejantes a estas; acerca de las cuales os amonesto, como ya os lo he dicho antes, que los que practican tales cosas no heredarán el reino de Dios. Mas el fruto del Espíritu es amor, gozo, paz, paciencia, benignidad, bondad, fe, mansedumbre, templanza."

Hay dos frutos: el deseo de la carne y el deseo del espíritu. Los dos viven en un cuerpo, pero los dos no se toleran. Es por eso por lo que Pablo dijo en Gálatas 6:8: "Porque el que siembra para su carne, de la carne segará corrupción; más el que siembra para el Espíritu, del Espíritu segará vida eterna."

Quieres ser fructífero y próspero. Considere y medite en el Salmo 1. El pueblo de Israel tuvo muchas estaciones o temporadas donde fueron fructíferos. Si revisa, el tiempo en que fueron fructíferos fue cuando estaban cumpliendo la ley, pero cada vez que se olvidaban de los mandamientos de Dios, la nación generalmente retrocedía. Esto ocurrió repetidamente en Israel. Y Dios intervino continuamente y les mostró el camino nuevamente. En una palabra, final para este capítulo, Gálatas 6:7 dice, "No os engañéis; Dios no puede ser burlado: pues todo lo que el hombre sembrare, eso también segará."

CAPÍTULO 7

Bendecir a Israel

Bendeciré a los que te bendijeren, y a los que te maldijeren maldeciré; y serán benditas en ti todas las familias de la tierra.

— Génesis 12:3

Dios cumple sus promesas a lo largo de los siglos. Dios le dijo a Abraham: "Bendeciré a los que te bendijeren, y a los que te maldijeren maldeciré." A lo largo de la historia, hemos visto cómo la palabra de Dios sigue en pie. Faraón vio que los hebreos eran poderosos en Egipto, así que decidió afligirlos, pero ese plan tampoco funcionó. Según Cole, en lo que respecta a los campos de trabajo forzados del faraón, "el trabajo forzado era un viejo principio en el Egipto altamente centralizado, como en todo el mundo antiguo: ni las pirámides ni los canales del Nilo habrían sido posibles sin él." Ese plan no funcionó bien, por lo que el siguiente plan de Faraón fue exterminar deliberadamente a los hebreos matando a los bebés varones. Faraón les pidió a las parteras, Sifra y Fúa, que mataran a todos los bebés varones.

Sifra y Fúa no siguieron la orden de Faraón; más bien temían a Dios. Decidieron mentirle a Faraón, y su excusa fue: "Porque las mujeres hebreas no son como las egipcias; pues son robustas, y dan a luz antes que la partera venga a ellas" (Éxodo 1:19). Lo interesante de esta historia es que ambas mujeres mintieron y protegieron a los bebés hebreos. La Escritura dice que Dios trató bien con las parteras, y les proporcionó un hogar, lo que significa que bendijo a las parteras. Incluso la hija de Faraón finalmente encontró a Moisés en la orilla del río y lo acogió como suyo, ignorando las peticiones de su padre de matar a los bebés hebreos. Por supuesto, podemos ver que la nación que va en contra de Israel o se convierte en su enemigo enfrentará trágicas consecuencias.

De acuerdo con Cole, "Todo el vano intento de aniquilar al pueblo de Dios encuentra su paralelo en el intento del Nuevo Testamento de Herodes de destruir una generación de bebés en Belén (Mateo 2:16). Pero, como en el Nuevo Testamento, el agente elegido por Dios está protegido, ni el faraón ni Herodes pueden interponerse en el camino del plan de Dios."[41] Dios frustra los planes del enemigo. Si te mantienes fiel a Dios, Él frustrará el plan del enemigo contra tu vida y la de tu familia.

Otra gran historia de la Biblia es Rahab. En Josué 2, vemos a Josué preparándose para tomar posesión de Jericó y envía espías allí. Ya había terror en los muros de Jericó porque Rahab confesó a los espías que la gente de Jericó había escuchado las poderosas obras de Dios.

Rahab proporcionó un espacio para que los espías se escondieran. Ella protegió a los espías y mintió a aquellos que buscaban matarlos. La Escritura dice que Josué salvó a Rahab, la casa de su padre, y todo lo que ella tenía. Se proporcionó espacio para que Rahab y su familia formaran parte de los israelitas. Se casó con Salmon y tuvo un hijo llamado Booz, quien se convirtió el abuelo del rey David. Dios la incluyó en la genealogía de Jesús.

Los enemigos de Israel no prosperarán, pero Dios frustrará sus planes. Faraón ordenó a todo su pueblo que echara a todos los niños hebreos en el río para que murieran. Faraón murió como resultado del ahogamiento. Cole afirma: "Los expositores judíos

---

[41] Cole, *Exodus an Introduction and Commentary*, 64.

han visto paralelos a la acción del faraón en el intento de genocidio de Israel por parte de Hitler y otros: los expositores cristianos han buscado tales paralelos en las amargas persecuciones sufridas por la iglesia a lo largo de su historia."[42]

Lo mismo le sucedió a Amán en Ester 3. Conspiró para matar a todos los judíos. Ester 5:14 dice que Amán hizo una horca para colgar a Mardoqueo. Sus planes fueron frustrados. Incluso su esposa Zeres le dijo: "Si de la descendencia de los judíos es ese Mardoqueo delante de quien has comenzado a caer, no lo vencerás, sino que caerás por cierto delante de él" (Ester 6:13). La misma horca que Amán preparó contra Mardoqueo se utilizó más tarde para Amán y sus diez hijos. Aún más, la fecha que Amán fijó para matar a todos los judíos fue el mismo día en que los judíos mataron y destruyeron a sus enemigos, que eran setenta y cinco mil de sus enemigos. Cuando Hitler y sus hombres comenzaron a meterse con los judíos, la caída de Alemania fue evidente. Hitler mató a muchos judíos y el terminó suicidándose.

Israel es una bendición para las naciones. El cristianismo le debe mucho a la nación de Israel, como nuestra fe, la Torá, los libros del Nuevo Testamento, nuestro Salvador Jesús y mucho más. Estados Unidos ha tenido el privilegio de que los judíos sean parte de su historia. Un gran ejemplo es Haym Solomon. La historia nos dice que Haym Solomon usó su propio dinero para ayudar y bendecir el comienzo de esta gran nación. Stiefel menciona,

> "De hecho, el suministro del ejército a menudo era responsabilidad de Haym Solomon (1740-1785), un importante agente que se ocupa de la Oficina de Finanzas del gobierno de los Estados Unidos. Como residente de Nueva York y Filadelfia y con un próspero negocio financiero, Solomon utilizó

---

[42] Ibid.

sus conexiones comerciales y especialmente sus letras de cambio, ofrecidas entre San Eustaquio y Europa, para ayudar a abastecer al Ejército Continental."[43]

Este hombre judío ayudó a financiar el Ejército Continental, en el que George Washington era el comandante en jefe. Aún más, dice McCraw, "Solomon vendió bonos emitidos por el Congreso, prestó dinero a legisladores y otros, e invirtió sus propios fondos en el esfuerzo de guerra."[44] Tristemente, murió sin dinero.

Probablemente, como este hombre, muchos judíos creían que Estados Unidos algún día ayudaría a Israel o su gente. Muchos judíos vinieron a Europa y América para buscar una mejor calidad de vida. Estados Unidos, a través del presidente Truman, fue el primer país en reconocer a Israel como estado. Benson se refiere a una ocasión en que el rabino jefe de Israel visitó al presidente Truman. Según Benson, "a principios de 1949 le dijo (al presidente Truman): 'Dios te puso en el vientre de tu madre para que pudieras ser el instrumento para lograr el renacimiento de Israel después de dos mil años', las lágrimas asomaron a los ojos del presidente."[45]

Aún más, "El rabino abrió la Biblia que llevaba consigo y leyó las palabras del rey Ciro del Libro de Ezra: 'El Señor Dios del cielo me ha dado toda la bondad de la tierra; y me ha encargado que le construya una casa en Jerusalén, que está en Judá.'"[46] Qué evento tan extraordinario fue cuando los judíos pudieron regresar a su tierra natal.

---

[43] Barry L. Stiefel, *Jewish Sanctuary in the Atlantic World A Social and Architectural History* (Columbia, S. C.: University of South Carolina Press, 2014), 160

[44] Thomas K. McCraw, *The Founders and Finance* (Cambridge, Mass.: The Belina P Press of Harvard University Press, 2012), 336.

[45] Michael T. Benson, *Harry S. Truman and the Founding of Israel* (Westport, Conn.: Praeger Publishers, 1997), 190.

[46] Ibid.

Los judíos son personas notables. Hace años, leí una declaración positiva y la verdad sobre el pueblo judío.

> "Los judíos representan menos de dos décimas de punto porcentual de la población mundial. Sí, solo .02 por ciento; sin embargo, representan más del 10 por ciento de la lista Forbes 400 de las personas más ricas del mundo, más del 10 por ciento de la lista Fortuna de los CEO de las 500 corporaciones más grandes del mundo, y casi el 30 por ciento de Todos los ganadores del Premio Nobel."[47]

Un gran ejemplo de ascendencia judía es Albert Einstein, quien contribuyó mucho a través de sus inventos. El pastor John Hagee escribió un libro bajo el título, *En la Defensa de Israel.* Aquí, el pastor Hagee da un breve resumen de la contribución judía a la sociedad.[48] Muchas personas en el pasado, incluso hoy, cuestionan el éxito del pueblo judío de que el pueblo judío haya experimentado la persecución por su éxito. Según Brackman y Jaffe, "Henry Ford publicó un libro sobre 'El Problema Judío' que instó a sus conciudadanos a interponerse en el camino de esta raza extranjera que se estaba volviendo demasiado exitosa demasiado rápido."[49] Aún más, "Adolf Hitler publicó un libro similar, Mein Kampf."[50] Ambos libros apenas suenan hoy, pero la Biblia, la Palabra de Dios, sigue en pie hoy.

Se debe alentar a los cristianos de todo el mundo sobre el

---

[47] Rabbi Levi Brackman and Sam Jaffe, *Jewish Wisdom for Business Success Lessons from the Torah and Other Ancient Texts* (New York: American Management Association, 2008), xiii.

[48] John Hagee, *In Defense of Israel* (Lake Mary, Fla: Frontline A Strang Company, 2008), 104.

[49] Brackman and Jaffe, xiv.

[50] Ibd.

éxito del pueblo judío y aprender de ellos. Brackman y Jaffe dicen: "Creemos que la causa fundamental del éxito judío en los negocios radica en el libro que los judíos consideran más querido y sagrado: la Torá."[51] La Torá se compone de los primeros cinco libros de la Biblia: Génesis, Éxodo, Levítico, Números y Deuteronomio. Hechos 3:25 dice, "Vosotros sois los hijos de los profetas, y del pacto que Dios hizo con nuestros padres, diciendo a Abraham: En tu simiente serán benditas todas las familias de la tierra."

Los cristianos son hijos e hijas adoptivos. Pablo escribió a los gálatas, recordándoles esta verdad. Aunque los cristianos en Galacia estaban tratando con judaizantes que enseñaban legalismo, Pablo los alentó a mantenerse enfocados en quiénes son en Cristo a través de la fe. Gálatas 3:16 dice, "Ahora bien, a Abraham fueron hechas las promesas, y a su simiente. No dice, Y a las simientes, como si hablase de muchos, sino como de uno: Y a tu simiente, la cual es Cristo." Gálatas 3:29 dice, "Y si vosotros sois de Cristo, ciertamente linaje de Abraham sois, y herederos según la promesa."

Los cristianos deben orar por Israel porque hay una promesa activa. Nuevamente, Génesis 12:3 dice, "Bendeciré a los que te bendijeren, y a los que te maldijeren maldeciré; y serán benditas en ti todas las familias de la tierra." Esta promesa no es solo para el Antiguo Testamento, sino también para hoy. Hace años, llegó la noticia sobre Hugo Chávez, el dictador de Venezuela, que maldijo a Israel en 2010, y en 2013, murió de cáncer. El Salmo 122:6 dice, "Pedid por la paz de Jerusalén; Sean prosperados los que te aman." Esto debería animar a cualquier cristiano a orar por Israel.

"Durante el período del Antiguo Testamento, Jerusalén fue el lugar donde Dios hizo una presencia especial conocida por su pueblo. Era el centro del mundo, por lo que los peregrinos viajaron

---

[51] Ibid.

a esa ciudad y oraban por su paz y seguridad."[52] Jerusalén, también conocida como la Ciudad de David, era una ciudad importante. Todavía hoy, Jerusalén es una ciudad importante. En la época del rey David, "Jerusalén no es parte de las tribus de Israel, pero es el centro espiritual y político de un Israel unido."[53] Hoy sigue siendo así. Aún más, para los cristianos, la ciudad de Jerusalén es el reloj profético con la confirmación de los eventos que han tenido lugar, están teniendo lugar y sucederán.

Muchos probablemente dirán que los cristianos deberían orar por la paz del mundo. Sí, los cristianos deben orar por la paz del mundo, por la paz de cada nación, pero de acuerdo con las Escrituras en el Salmo 122:6, los cristianos deben incluir la ciudad de Jerusalén en sus oraciones. Es necesario orar por la paz de Jerusalén. Los cristianos necesitan orar por el bienestar de Jerusalén. Muchos enemigos rodean a Israel, e Israel necesita nuestras oraciones. El rey David termina de decir: "Sean prosperados los que te aman" (Salmo 122: 6). Que Dios prospere a los que te aman, ¡oh, Israel! Qué declaración tan poderosa del rey David. Anímate a orar por la nación de Israel, especialmente por la paz de Jerusalén.

---

[52] Tremper Longman III, *Tyndale Old Testament Commentaries Psalms* (Downers Grove, Ill.: IVP Academic, 2014), 418.

[53] Tremper Longman III, *Tyndale Old Testament Commentaries Psalms* (Downers Grove, Ill.: IVP Academic, 2014), 418.

CAPÍTULO 8

Padres Liderando con el Ejemplo

Y Jesús les respondió: Mi Padre hasta ahora trabaja, y yo trabajo.

—Juan 5:17

Dios nos dio un patrón para imitarlo, y uno de ellos es trabajar. Veamos a la primera familia que caminó en la tierra. Adán y Eva dieron un ejemplo a sus primeros hijos, Caín y Abel. Vemos esto en Génesis 4:2 donde Caín trabajó la tierra y Abel mantuvo los rebaños. Vos afirma: "No hay indicios de que una de estas ocupaciones fuera mejor que la otra. Muy posiblemente, ambos ya habían sido perseguidos por Adán."[54]

Estos dos hijos aprendieron de sus padres que tenían que trabajar para mantenerse. Los niños aprenden de sus padres con respecto al trabajo. Se hizo costumbre que los niños aprendieran el oficio de sus padres para sobrevivir. Dios mismo trabajó seis días y al séptimo día descansó. De acuerdo con Anders y Martin, "El hombre debería trabajar seis días y descansar el séptimo. Dios conocía los efectos del trabajo físico constante no solo en el cuerpo sino también en el espíritu del hombre."[55]

---

[54] J. G. Vos, *Genesis* (Pittsburgh: Crown & Covenant Publications, 2006), 46.

[55] Glen S. Martin, *Holman Old Testament Commentary Exodus, Leviticus, Numbers* (Nashville: Broadman and Holman Publishers, 2002), 98.

El trabajo es el plan de Dios para la humanidad. De acuerdo con Lennox, "El trabajo fue diseñado por Dios en primer lugar: experimentar su gobierno y justicia. Su intención es que nuestro trabajo se convierta en una parte integral del proceso de desarrollo del personaje."[56] La discusión sobre el séptimo día no se discutirá aquí ya que hay opiniones diferentes. El argumento aquí es que el trabajo es parte del propósito de Dios para la humanidad.

2 Reyes 4:18 dice, "Y el niño creció. Pero aconteció un día, que vino a su padre, que estaba con los segadores." Este niño fue un bebé milagroso de parte de Dios. Dios usó a Eliseo para profetizar a la mujer sunamita y, a su debido tiempo, dio a luz a un bebé sano. El niño creció, y ahora fue con su padre. Esto significa que "el niño había crecido hasta la edad en que podía estar en el campo con su padre."[57] El padre estaba trabajando con los segadores, personas que trabajaban en la cosecha e hicieron la recolección de la cosecha. Los padres deben permitir que sus hijos estén cerca de ellos para que puedan aprender cómo comportarse públicamente, cómo trabajar con las personas y, en general, cómo trabajar.

Tal vez podría decir: "Pero no puedo llevar a mis hijos al trabajo." Probablemente no, pero los niños pueden ver a sus padres levantarse temprano. Tal vez hable con sus hijos sobre su trabajo y lo que hace. Esto ayudará a sus hijos a tener una imagen de usted trabajando, y les ayudará a ver que tener un trabajo o un empleo es un asunto serio, parte de la vida y una necesidad que algún día tendrán que seguir.

Los padres que nunca han trabajado esperan que sus propios hijos se mantengan a sí mismos y vayan a trabajar. Siendo realistas, ¿cómo pueden estos padres esperar que sus propios hijos trabajen cuando sus propios hijos nunca los han visto trabajar o mantener un trabajo y apenas satisfacen las necesidades de sus propios hijos?

[56] John C. Lennox, *Joseph: A Story of Love, Hate, Slavery, Power, and Forgiveness* (Wheaton, Ill.: Crossway, 2019), 123.
[57] Max Anders and Gary Inrig, *Holman Old Testament Commentary* (Nashville: Broadman & Holman Publishers, 2003), 223.

Si los padres nunca trabajaron, existe una alta probabilidad de que sus hijos nunca trabajen tampoco. Muchas veces los niños son la imagen de sus padres a menos que Dios intervenga poderosamente, lo cual lo he visto donde los niños pueden aprender y hacer cambios positivos para ellos y sus futuras generaciones.

Como hija de un pastor, desde muy joven ayudé activamente a mi padre y a mi madre en el ministerio. No solo fui a la escuela, sino que también ayudé a mamá en la casa y a papá en la iglesia, incluido su trabajo para el seminario. De hecho, hay tantos niños expuestos al trabajo en el ministerio a una edad temprana, ¿y sabes qué? Dios a menudo revela su llamado a los niños también. A una edad temprana, los niños pueden tener experiencias increíbles con Dios. Los padres deben estar allí para apoyarlos y ayudarlos a responder preguntas que puedan tener. Es hermoso ver a los niños tener conversaciones abiertas y de confianza con sus padres.

Eli fue el padre espiritual del profeta Samuel. Desde temprana edad, los levitas rodearon a Samuel. Además, Samuel echó un vistazo al trabajo potencial del sumo sacerdote. Números 3: 5–10 ofrece una breve descripción de los deberes del levita. Wenham menciona,

> "Los deberes de los levitas eran servir al sacerdote Aarón y ministrar a Dios, como transportar y erigir el tabernáculo. Solo tenían que hacer este trabajo pesado cuando el campamento estaba en movimiento. Sin embargo, tenían que estar permanentemente en guardia, listos para matar a cualquier persona no autorizada que se acercara a la tienda de reunión, sus muebles o el altar como un policía."[58]

---

[58] Gordon J. Wenham, *Numbers An Introduction and Commentary* (Downers Grove, Ill.: IVP Academic, 1981), 79.

A una edad temprana, Samuel estaba trabajando activamente, y vemos esto en 1 Samuel 3:1, "El joven Samuel ministraba a Jehová en presencia de Elí." Este joven estaba ministrando, pero bajo el liderazgo del sacerdote, Eli. Además, Samuel aprendió los deberes del sumo sacerdote. Eli, el sumo sacerdote, "solo tenía derecho a manejar la sangre del sacrificio, tocar el altar y entrar a la tienda de reunión. Eli era los maestros autorizados de la nación, el mediador oficial entre Dios e Israel. Con un gran privilegio viene con una inmensa responsabilidad."[59]

Dios llamó al joven Samuel, pero Elí reconoció que el Señor estaba llamando al niño. Más tarde, este joven se convirtió en un profeta muy conocido en Israel. Como profeta, Samuel llevó sus deberes a Dios con honor, lealtad y dedicación. Samuel es una prueba de que los niños son capaces de aprender sobre deberes y responsabilidades a una edad temprana, incluido todo sobre el trabajo.

Otro niño que trabajó duro y defendió las ovejas de su padre fue David. Isaí era el padre de David. En una ocasión, Isaí respondió al profeta Samuel: "Queda aún el menor, que apacienta las ovejas" (1 Samuel 16:11). Como pastor, este joven se encontró no solo con un clima severo sino también con muchas noches de insomnio. Más tarde, este joven David obedeció a su padre y llevó comida a sus hermanos, quienes estaban en una batalla contra los filisteos. Mientras estaba allí, Goliat estaba desafiando el campamento de Israel. El joven David se animó. 1 Samuel 17: 34–36 dice,

> "David respondió a Saúl: Tu siervo era pastor de las ovejas de su padre; y cuando venía un león, o un oso, y tomaba algún cordero de la manada, salía yo tras él, y lo hería, y lo libraba de su boca; y si se levantaba contra mí, yo le echaba mano de la quijada, y lo hería y lo mataba. Fuese león, fuese

---

[59] Ibid.

oso, tu siervo lo mataba; y este filisteo incircunciso será como uno de ellos, porque ha provocado al ejército del Dios viviente."

David orgullosamente relató esta historia al Rey Saúl. Esto es exactamente lo que se supone que debe pasar cuando alguien trabaja. Hay una sensación de orgullo y una confianza en sí mismo cuando se cumplen las responsabilidades. El joven David aprendió a trabajar y aprendió de su padre, Isaí. Es importante ver cómo los adultos, los padres e incluso los líderes pueden influir en sus hijos.

Cuando Jesús crecía, aprendió el oficio de su padre, la carpintería. Marcos 6:3 se refiere a Jesús: "¿No es éste el carpintero, hijo de María, hermano de Jacobo, de José, de Judas y de Simón?" Claramente, José le enseñó a su hijo, Jesús, el oficio de la carpintería. Jesús a menudo vio a su padre atender a sus clientes, levantarse, buscar madera o herramientas, trabajar largas horas o sudar. José dirigió (enseño) con el ejemplo.

Incluso el apóstol Pablo, quien fue un padre espiritual para tantos cristianos, advirtió contra la ociosidad. 2 Tesalonicenses 3: 6–9 lee,

"Pero os ordenamos, hermanos, en el nombre de nuestro Señor Jesucristo, que os apartéis de todo hermano que ande desordenadamente, y no según la enseñanza que recibisteis de nosotros. Porque vosotros mismos sabéis de qué manera debéis imitarnos; pues nosotros no anduvimos desordenadamente entre vosotros, ni comimos de balde el pan de nadie, sino que trabajamos con afán y fatiga día y noche, para no ser gravosos a ninguno de vosotros; no porque no tuviésemos derecho, sino por daros nosotros mismos un ejemplo para que nos imitaseis."

Beale declara: "Lo que significa que algunos se comportan de manera desordenada: están trabajando, pero están entrometidos. No están trabajando para mantenerse con comida, ropa y refugio."[60] Aún más, "no solo están pasivamente fuera de servicio al no ocuparse de un trabajo adecuado, sino que también son activamente rebeldes al ocuparse de actividades incorrectas."[61]

El apóstol Pablo se dio cuenta de que eran cristianos perezosos que profesaban el nombre de Jesús, pero no daban un ejemplo de Jesús. Dondequiera que fue Pablo, no solo difundió el evangelio a los judíos o gentiles, sino que también trabajó. Pablo fue un fabricante de carpas. Cuando llegó a la ciudad de Corinto, allí trabajó como fabricante de tiendas o carpas y predicó el evangelio (Hechos 18:3).

El tono de voz de Pablo es serio sobre este tema, firme y decidido. Pablo le dijo a la iglesia que se retirara de esa persona porque ese individuo podía influir en otros para que hicieran lo mismo. Algunos teólogos creen que esta persona específica, a la que se refería Pablo, no estaba trabajando debido a creencias escatológicas, por ejemplo, que el día del Señor era tan pronto que no era necesario trabajar (2 Tesalonicenses 2). De cualquier manera, la persona necesitaba comer para sobrevivir, por lo que Paul lo alentó a seguir trabajando. Pablo dijo: "Si alguno no quiere trabajar, tampoco coma" (2 Tesalonicenses 3:10).

Pablo los llamó desordenados. Beale está de acuerdo: "Los desordenados están fuera de lugar porque impiden la difusión del evangelio, no solo al difundir y seguir las falsas enseñanzas, sino al no seguir el orden divino de la creación en el que todos los humanos deben trabajar para sostener la propia existencia."[62]

Dios es un Dios de orden, no un Dios de desorden. El mundo tiene sus ojos en los cristianos, en nosotros, por lo que es necesario

---

[60] G. K. Beale, 1–2 Thessalonians The IVP New Testament Commentary Series (Downers Grove, Ill.: IVP Academic, 2003), 251.

[61] Ibid.

[62] Ibid., 252–253.

vivir vidas en orden para testificar acerca de Jesús y por el bien del evangelio. Lamentablemente, muchos seguidores cristianos de Jesús hoy en día están dando mensajes retorcidos al mundo. Increíblemente, los llamados cristianos no se han dado cuenta de que están atrapados en un estado mental de mediocridad, tal como el diablo quiere que lo estén.

CAPÍTULO 9

El Llamado al Ministerio

Porque muchos son llamados, y pocos escogidos.
—Mateo 22:14

Ante todo, Dios no llama a una persona perezosa para trabajar en su reino glorioso. Cada persona en esta tierra tiene un propósito dado por Dios, pero muchos no lo saben. Aún hoy, Dios sigue llamando a su pueblo, invitándolos para un propósito mayor, pero muchos no están listos, otros no piensan que están listos, algunos no están dispuestos a pagar el precio, muchos tienen temor o asustados y algunos simplemente están perezoso. He visto cómo Dios llama a las personas al ministerio, especialmente a las personas que trabajan en trabajos de tiempo completo.

Para muchos, es un proceso. Al principio, tenían miedo, pero confiar en Dios hizo la transición mucho más fácil. Otros trabajan tanto a tiempo completo en el ministerio como en el mundo secular. Algunos trabajan a tiempo completo en el reino de Dios y a tiempo parcial a un lado. Muchos trabajan a tiempo completo en un trabajo secular, pero trabajan de noche en la iglesia o en el ministerio. Ahora hay quienes trabajan a tiempo completo con un trabajo secular, y Dios les ha hablado sobre un ministerio a tiempo completo.

No olvidemos que Dios contrata a cristianos calificados para un trabajo específico, y una de esas calificaciones es que deben estar dispuestos a sacrificar tiempo para trabajar para él. Hay muchos ejemplos en la Biblia de personas trabajando y Dios llamándolas a su propósito divino o por una razón específica. Dios mismo ama estar en el trabajo, y no quiere que las personas en el ministerio finjan estar trabajando cuando en realidad no conocen la bendición de levantarse temprano por la mañana para ir a trabajar. Aún más, Dios ha llamado a las personas a estar a tiempo completo en el ministerio, y Dios sabe que, si fueron fieles a Él en esos trabajos seculares, también son capaces de ser fieles en el ministerio.

Éxodo 3:1 dice, "Apacentando Moisés las ovejas de Jetro su suegro, sacerdote de Madián, llevó las ovejas a través del desierto, y llegó hasta Horeb, monte de Dios." Antes de que Dios llamara a Moisés para ser el líder de Israel, estaba trabajando a tiempo completo para su suegro. Hamilton dice, "Pastorear es lo que Moisés ha estado haciendo durante mucho tiempo. Si uno piensa en ello, es una buena preparación para otro tipo de pastoreo al que Dios llamará a Moisés."[63]

Los deberes de un pastor no son fáciles. Por ejemplo, uno debe asegurarse de que todas las manadas o los rebaños vuelvan a casa de forma segura. Es prácticamente un trabajo que implica mucha supervisión y orientación. Recuerde que Moisés huyó de Egipto, dejando un pasado feo, y comenzó una nueva vida en Madián. Moisés incluso nombró a su hijo Gersón, que significa "Forastero soy en tierra ajena" (Éxodo 2:22). Sin embargo, se adaptó a esta nueva vida, y en Éxodo 3, uno puede darse cuenta de que fue un hombre trabajador. Probablemente pensó que su vida seguiría siendo solo eso, trabajando en el desierto atendiendo a los animales.

En realidad, Dios tenía otros planes para Moisés. Es interesante

---

[63] Victor P. Hamilton, *Exodus An Exegetical Commentary* (Grand Rapids, Mich.: Baker Academic, 2011), 45.

notar que "Dios no se revela a Moisés tan espectacularmente cuando Moisés está orando, ayunando, meditando o participando en un profundo pensamiento metafísico. Ocurre mientras está solo, trabajando y, probablemente, poco estimulante trabajo servicial en eso."[64] El trabajo de Moisés fue una preparatoria para los planes de Dios para su vida, que fue un llamado y un propósito divinos. Fue un día perfecto para una visita inesperada del Dios Todopoderoso, que cambió la vida de Moisés para siempre.

El llamado de Gedeón llegó mientras trabajaba. Jueces 6:11 dice, "Y vino el ángel de Jehová, y se sentó debajo de la encina que está en Ofra, la cual era de Joás abiezerita; y su hijo Gedeón estaba sacudiendo el trigo en el lagar, para esconderlo de los madianitas." Radmacher, Allen y House afirman: "El hecho de que Gedeón se vio obligado a trillar el trigo escondido dentro del lagar muestra nuevamente el estado desesperado en que se encontraban los israelitas."[65]

Dios estaba al tanto de las cosas difíciles que el pueblo de Israel estaba soportando. Sin embargo, esto no limita a Dios a buscar a alguien en quien confiar la tarea de liberar al pueblo de Israel de las manos de los madianitas. Dios animó a Gedeón en el versículo 14: "Y mirándole Jehová, le dijo: Ve con esta tu fuerza, y salvarás a Israel de la mano de los madianitas. ¿No te envío yo?"

Cuando Dios le confía a alguien una tarea específica, es porque Él sabe que esa persona es capaz de hacerlo. Gedeón dudaba de la vocación en su vida. ¿Cuántas veces has dudado de Dios? Dios sabe que eres capaz de llevar tu propósito aquí en la tierra. Muchas veces las dudas pueden retrasar el propósito de tu vida. A menudo dudaba de Dios. Sabía que tenía un llamado y un propósito, pero quería que otros lo vieran primero, pero Dios quería que yo lo viera primero. En lugar de depender de otros para ver que Dios

---

[64] Ibid.

[65] Earl Radmacher, Ron Allen, and H. Wayne House, *Compact Bible Commentary* (Nashville: Thomas Nelson, 2004), 148.

me estaba llamando, Dios quería que lo viera primero, lo aceptara primero y lo creyera, y luego otros lo verían. Gedeón dijo: "Ah, señor mío, ¿con qué salvaré yo a Israel? He aquí que mi familia es pobre en Manasés, y yo el menor en la casa de mi padre" (Jueces 6:15). Lo que Gedeón no sabía es que Dios es un experto en llamar a personas con misiones específicas. Dios prometió estar con él, y Gedeón pidió una señal de que Dios se lo había dado.

Otro gran ejemplo es Rut. Rut enfrentó desafíos de cambios, lo que la llevó a abandonar su país y seguir a Noemi. Su actitud fue extraordinaria. Ella no se quejó, sino que se mantuvo positiva durante todo el viaje y los nuevos desafíos, y por eso Dios la eligió para un propósito divino. Por necesidad y voluntad de trabajar, Rut le suplicó a Noemí que la dejara ir a trabajar. Rut demostró que era una mujer trabajadora, audaz y sin miedo. Rut 2: 2–3 dice, "Te ruego que me dejes ir al campo, y recogeré espigas en pos de aquel a cuyos ojos hallare gracia. Y ella le respondió: Ve, hija mía. Fue, pues, y llegando, espigó en el campo en pos de los segadores." Rut vio esto como una oportunidad porque "la Ley de Moisés permitió que los pobres recogieran en el campo de los granjeros (Levítico 23:22)."[66] ¿Qué adversidades o desafíos enfrentas?

Al igual que Rut, mantenga una actitud positiva porque, sin duda, Dios es poderoso para mostrarle las oportunidades en medio de los desafíos que enfrenta. Anímate y se audaz como Rut. Rut no solo obtuvo el favor de Dios, sino que lo hizo ante Booz y la comunidad. Rut se convirtió en parte de la genealogía del rey David, y Mateo la menciona en 1:5–6 como parte de la genealogía de Jesús. Otros ejemplos se encuentran en lo siguiente:

- 1 Reyes 19:19–21. Eliseo estaba arando con doce yugos de bueyes, y Eliseo conducía el duodécimo par de bueyes. Pasando Elías por delante de Eliseo, echo sobre el su manto, Eliseo supo que Dios estaba llamando al ministerio, y después

---

[66] Ibid., 159

de hacer lo que tenía que hacer, Eliseo siguió a Elías y se convirtió en su asistente.

- Nehemías 1–2. Podemos ver claramente que Nehemías estaba preocupado por la situación en Jerusalén, por lo que lloró, ayunó y oró ante Dios. Nehemías estaba ante el rey Artajerjes, y su trabajo consistía en servir al rey como un mayordomo. Nehemías fue quien probó el vino primero antes de que el rey lo bebiera. Nehemías sintió el llamado en su corazón, y pudo ir a Jerusalén e inspeccionar los muros. Más tarde, Nehemías se convirtió en uno de los principales líderes en la reconstrucción del muro de Jerusalén. ¿Sabes qué? ¡Dios de los cielos le dio la victoria!

- Mateo 4:18. La Biblia dice que mientras Jesús caminaba junto al mar de Galilea, vio a dos hermanos: Simón, llamado Pedro, y su hermano, Andrés. Eran pescadores, y en esa hora, estaban trabajando, echando una red al lago. Dios los hizo pescadores, y a través de su ministerio muchos recibieron la salvación.

- Mateo 4:21. Continuó y vio a otros dos hermanos, Jacobo y Juan, los hijos de Zebedeo. Estaban en su bote con su padre Zebedeo, remendaban sus redes. Eran pescadores. Jesús los llamó y de inmediato dejaron el bote, a su padre y se fueron con él.

- Marcos 2:14. Mientras caminaba, vio a Leví, hijo de Alfeo, sentado en el banco de los tributos públicos. Él era un recaudador de impuestos. "Sígueme", le dijo Jesús, y Leví se levantó y lo siguió.

- Hechos 9:4–6. Dios llamó a Saulo, más tarde conocido como Pablo, mientras trabajaba a tiempo completo persiguiendo a los cristianos. De hecho, Saulo se dirigía a Damasco para tomar cristianos como prisioneros y llevarlos de regreso a Jerusalén, pero Dios intervino y le indicó qué hacer. Pablo se convirtió en un testimonio vivo de Cristo Jesús, y a través de su ministerio, muchas vidas cambiaron para siempre.

Hay tantos ejemplos de cómo las personas recibieron su llamado divino. Para trabajar en el ministerio, muchas veces Dios pondrá a prueba a los siervos. Aprendí y vi cómo Dios ha llamado a muchas personas al ministerio, y varias de ellas tenían trabajos de tiempo completo. Es por eso que es crucial para los cristianos, dondequiera que esté trabajando, hacerlo como para Dios, porque tal vez Dios lo esté probando en este campo. El llamado de Dios es un asunto serio. Debe haber una voluntad y un corazón humilde para aceptar el llamado divino porque a través de él, muchos verán el poder de la multiplicación. Proverbios 21:25 dice, "El deseo del perezoso le mata, porque sus manos no quieren trabajar." El siguiente versículo, 26, dice, "Hay quien todo el día codicia; pero el justo da, y no detiene su mano."

CAPÍTULO 10

Gloria Creciente

Somos transformados de gloria en gloria en la
misma imagen.

—2 Corintios 3:18

Dios quiere dar una gloria creciente y llevarnos de gloria en gloria,
y Dios le ha dado a su pueblo el poder de ir de gloria en gloria.
Además, Dios puede llevarnos de fortaleza en fortaleza, como el
Salmo 84:7 dice, "Irán de poder en poder." Depende de nosotros
si queremos hacer su voluntad. El pueblo de Israel tuvo un vasto
pasado de darle la espalda a Dios y no seguir sus caminos. Cuando
el profeta Ezequiel surgió, profetizó acerca de la destrucción de
Jerusalén, los juicios que vendrían a las naciones cercanas y la
reconciliación entre Dios e Israel, y finalmente habló sobre el
regreso de los exiliados.

Sin embargo, a este profeta, Dios le reveló la verdad. Aunque
Israel había caído debido a la desobediencia, la idolatría y muchos
otros pecados, Dios todavía tenía un plan para Israel. Ezequiel
36:11 dice, "Multiplicaré sobre vosotros hombres y ganado, y
serán multiplicados y crecerán; y os haré morar como solíais
antiguamente, y os haré mayor bien que en vuestros principios; y
sabréis que yo soy Jehová." Dios le recuerda al pueblo de Israel que
Él todavía es un Dios de multiplicación, aumento, bendiciones,

restauración y renovación, incluso si el pueblo de Israel le falla. Esto demuestra la misericordia de Dios y su amor por su pueblo.

Jesús habló muchas cosas, pero animó a sus discípulos: "En el mundo tendréis aflicción; pero confiad, yo he vencido al mundo" (Juan 16:33). Aunque el cristianismo sostiene la verdad sobre el camino de la salvación, servimos a un Dios poderoso. No estamos exentos de experimentar dificultades. El Dios de la multiplicación nos permitirá pasar por experiencias no solo para demostrar su poder, sino también para llevarnos de gloria en gloria.

Job experimentó grandes dificultades. Un día, perdió todo: su sustento, hijos y estatus. Su mundo conocido se convirtió en un mundo desconocido, pero Job cayó al suelo y adoró a Dios.

Job reconoció a Dios en sus pruebas. "Desnudo salí del vientre de mi madre, y desnudo volveré allá. Jehová dio, y Jehová quitó; sea el nombre de Jehová bendito" (Job 1:21). Job reconoció que Dios le dio todo lo que tenía, a pesar de que su esposa, en su angustia, le dijo a Job "maldice a Dios, y muérete" (Job 2: 9). Sin embargo, Job mantuvo su integridad hacia Dios, diciendo: "¿Qué? ¿Recibiremos de Dios el bien, y el mal no lo recibiremos?" (Job 2:10).

A menudo, Dios permitirá que las aflicciones y dificultades en nuestras vidas nos demuestren el poder de la multiplicación. Durante los procesos de todas las aflicciones y dificultades, seguro que Dios traerá sus bendiciones. Añadiré, a menudo Dios no espera hasta que se termine la prueba, pero incluso durante la prueba, se puede experimentar la bondad y la misericordia de Dios. Puedo dar testimonio de esto porque durante mi proceso de cáncer, el poder de multiplicación de la bondad de Dios se hizo evidente en mi vida. Dios tocó a tanta gente para bendecirme tremendamente de muchas maneras diferentes.

Antes de que Job perdiera todo, el Dios en los cielos reconoció que Job era un hombre "que no hay otro como él en la tierra, varón perfecto y recto, temeroso de Dios y apartado del mal" (Job 1: 8). Mientras Job disfrutaba la multiplicación de Dios en la tierra, el diablo lo estaba acusando en el cielo. La historia de Job es un gran ejemplo, que demuestra cómo las cosas se manifiestan primero en el ámbito espiritual. Satanás sabía que Job tenía protección divina porque Satanás le preguntó a Dios;

> "¿No le has cercado alrededor a él y a su casa y a todo lo que tiene? Al trabajo de sus manos has dado bendición; por tanto, sus bienes han aumentado sobre la tierra. Pero extiende ahora tu mano y toca todo lo que tiene, y verás si no blasfema contra ti en tu misma presencia" (Job 1:9-11).

En el ámbito espiritual, Dios hizo un cerco a su alrededor y las cosas de Job. Dios puso un límite espiritual para que el diablo no devorara sus cosas ni lo tocara. No fue hasta que Dios permitió que el diablo tocara la salud, la familia y la riqueza de Job que Job experimentó una pérdida. Aunque sus amigos vinieron a consolar a Job, no le fue bien. Sus amigos dedujeron que Job estaba en ese estado de pobreza y enfermedad porque había pecado contra Dios. Las personas son fáciles de juzgar, especialmente aquellas que están más cerca de usted.

Los amigos de Job incluso intentaron consolarlo. Lo juzgaron mal. Seguramente la causa de toda la desgracia de Job se debió a pecar contra Dios. Bildad alentó a Job a arrepentirse de sus pecados. Bildad le dijo palabras sinceras a Job, pero esa verdad era para que Bildad la reconociera.

Bildad le dijo a Job: "Si tú de mañana buscares a Dios, y rogares al Todopoderoso; Si fueres limpio y recto, ciertamente luego se despertará por ti, y hará próspera la morada de tu justicia. Y aunque tu principio haya sido pequeño, tu postrer estado será muy grande" (Job 8: 5–7).

¿Alguien ha tratado de darte algún consejo? Resulta que quien está dando el consejo debe aplicarlo primero. Varias veces en mi vida, la gente ha venido a mí para darme consejos. El consejo no era de Dios, sino del infierno. En una ocasión, animé a la persona a aplicar el consejo a sí misma.

Bildad pronunció palabras sabias, pero esas fueron más para Bildad. Sin embargo, Dios hizo esto por Job. Dios tomó todas las desgracias de Job y las multiplicó en pura bondad. Después de que Job oró por sus amigos, Dios multiplicó todo lo que había perdido. "Y bendijo Jehová el postrer estado de Job más que el primero" (Job 42:12).

La desgracia nunca fue el plan previsto para Job, pero fue el plan previsto del diablo. El último final de Job aumentó abundantemente. Job experimentó al Dios de la multiplicación en sus días anteriores y aún más en sus últimos días. El Dios de la multiplicación nunca dejó Job, incluso en sus pruebas. Su esposa, amigos, hermanos y hermanas juzgaron mal a Job por su pérdida. Dios permitió estas pérdidas para probar a Job.

¿Está Dios probándote como Job? Lo que podemos aprender es que el Dios de la multiplicación puede restaurar lo que el enemigo ha tratado de robarte. Al igual que Job, Dios puede multiplicar las bendiciones que nos quitan. Dios todavía es un Dios de multiplicación y un Dios de restauración. Seguramente, Dios todavía nos lleva de gloria en gloria. Seguramente, mantente fiel a Dios en tus pruebas y ve que el Dios de la multiplicación te bendiga doble por todas tus angustias y problemas.

Hace un par de años, me diagnosticaron cáncer de seno. Realmente no sabía qué hacer. Estaba en estado de shock. Mientras tanto, tenía problemas con mi rodilla izquierda. El médico insertó un medicamento en mi rodilla y no funcionó bien. Me dejó con una reacción alérgica. Terminé en el hospital durante once días y diez noches. En la habitación del hospital, oré y canté. Los médicos incluso me dieron la posibilidad de amputarme la pierna izquierda.

Me acerqué a un querido amigo mío, que es evangelista e intercesor pidiéndole que me ponga en sus oraciones. Recuerdo que estaba orando y cantando a las 3:00 a.m., y alrededor de las

5:00 a.m., me quedé dormida. En esa situación, el Dios de la multiplicación me dio un sueño mientras estaba en el hospital, uno que nunca olvidaré. Por casualidad estaba en un servicio glorioso. El predicador me señaló y me dijo que viniera al frente porque Dios tenía una palabra para mí. Cuando llegué al altar, alcé los ojos. El predicador ya no estaba allí, pero Jesús sí. Vi a Jesús con un vestido blanco puro y brillante. La luz era tan magnífica que apenas podía ver su rostro.

Entonces Jesús extendió sus manos hacia mí. Agarré su mano, y lo siguiente que supe fue que los dos estábamos volando hacia los cielos. Él dijo: "Sube acá." Volamos a una velocidad tan rápida que no puedo decirte qué tan rápido íbamos. Entonces comencé a hacer preguntas y, nuevamente, Jesús dijo: "Sube acá." Nuevamente, volamos a otra dimensión celestial y a gran velocidad. Luego nos detuvimos con su brazo en alto, miré hacia arriba y vi los cielos abiertos.

Luego, en el sueño, regresé a la iglesia, donde estuve allí durante un par de horas en el espíritu. Cuando desperté, Dios le habló a mi corazón. Me mostró los cielos abiertos para hacerme saber que, a través de las pruebas, El escucha las oraciones de su pueblo. Dios le mostró a Abraham un cielo abierto con tantas estrellas que Abraham no pudo contar. Para Abraham, esta experiencia fue de gran importancia en su vida. Abraham estaba luchando para creer que Dios le daría un hijo. Abraham incluso sugirió a Eliezer como el que probablemente le daría un hijo.

Las estrellas en el cielo abierto simbolizaban a los descendientes de Abraham, pero su circunstancia estaba lejos de tener descendientes ya que Sara era estéril. Hoy, el Dios de la multiplicación sigue cumpliendo la promesa a Abraham. Los cristianos deben darse cuenta de que el Dios de la multiplicación usará nuestras pruebas para bendecirnos aún más.

Después de esta prueba, comencé el proceso del cáncer de seno. Estaba devastada porque este proceso es difícil. Oré a Dios y lloré muchas veces. Muchas veces oraba, declaraba la palabra, cantaba y descansaba, pero muchas veces estaba triste, deprimida y ansiosa por los efectos secundarios de los medicamentos. Sin embargo, el Dios de la multiplicación ha estado allí todo el tiempo.

Una vez, le pregunté a Dios por qué estaba pasando por esta prueba. Incluso pregunté: "¿Es porque pequé o hice algo mal?"

Dios me llevó a Juan 9: 2–3, donde Jesús sanó a un hombre nacido ciego y luego recibió la vista. Y le preguntaron sus discípulos, diciendo: "Rabí, ¿quién pecó, éste o sus padres, para que haya nacido ciego?"

Sin embargo, Jesús respondió: "No es que pecó éste, ni sus padres, sino para que las obras de Dios se manifiesten en él."

Al igual que Job, como muchos hombres y mujeres de Dios que han experimentado pérdidas, pruebas, problemas, enfermedades o desgracias, el Dios de la multiplicación lo permite con un propósito. A través de las pruebas, Dios da revelaciones sobre sí mismo y demuestra sus poderosas obras. Dios permite que esas experiencias nos lleven de gloria en gloria. Dios tiene muchos nombres. Te animo a invocar el nombre de Dios en tu situación porque hay poder en los nombres de Dios. Spangler comparte cincuenta y dos nombres de Dios para demostrar que incluso los nombres de Dios tienen poder. "Aunque el nombre de Dios es santo y poderoso, no puede ser una fórmula mágica. Más bien, su nombre se vuelve poderoso cada vez que lo pronuncian hombres y mujeres que están experimentando su fe en Dios."[67] Puede orar con un nombre específico de Dios para su situación específica y ver a Dios obrar en su nombre.

- Padre (Abba) (Lucas 15:20)
- Señor (Adonai) (Salmo 16:2)
- Alpha y Omega (Alfa Kai Omega) (Apocalipsis 22:13)
- Cordero de Dios (Arnion) (Juan 1:29)
- Pan de Vida (Artos Zoes) (Juan 6:51)

---

[67] Ann Spangler, The Names of God (Grand Rapids: Zondervan, 2009), 79.

- Estrella Resplandeciente de la Mañana (Aster Lampros Proinos) (Apocalipsis 22:16)
- Rey de Reyes (Basileus Basileon) (Apocalipsis19:16)
- Maestro (Didaskalos) (Marcos 12:14)
- Siervo (Ebed) (Marcos 10:45)
- Yo Soy (Ego Eimi) (Éxodo 3:14)
- Dios Vivo (El Chay) (Jeremías 10:10)
- Altísimo (El Elyon) (Daniel 4:34)
- Jehová Dios Eterno (El Olam) (Genesis 21:33)
- Dios Que Ve (El Roi) (Genesis 16:13)
- Dios Todopoderoso (El Shadday) (Genesis 17:1)
- Creador (Elohim) (Genesis 1:1)
- Emanuel (Dios con nosotros) (Mateo 1:23)
- Fuego Consumidor (Esh Oklah) (Deuteronomio 4:24)
- El Redentor (Ga'al) (Isaías 44:6)
- El Nombre (Jashem) (1 Reyes 8:29)
- Sumo Sacerdote (Jiereus) (Hebreos 4:14)
- Hijo de David (Juios David) (Lucas 1:32)
- Hijo del Hombre (Juios Tou Antropu) (Mateo 12:8)
- Médico (Iatros) (Lucas 4:23)
- Jesús el Salvador (Iesous Soter) (Mateo 1:21)
- León de la Tribu de Judá (Leon Ek Tes Files Yudá) (Apocalipsis 5:5)
- Verbo (Logos) (Juan 1:14)
- Jehová Vuestro Dios (Yahve) (Levitico 18:2)
- Refugio (Majsé) (Salmo 91:2)
- Mesías, Cristo (Mashía, Cristos) (Hechos 2:36)
- Rey (Melek) (Éxodo 15:18)
- Torre Fuerte (Migdal Oz) (Proverbios 18:10)
- Esperanza de Israel (Miqwé Yisrael) (Jeremías 17:13)
- Novio, Esposo (Nymfios, Aner) (Apocalipsis 19:9)
- Amigo (Filos) (Juan 15:13)
- Buen Pastor (Poimen Kalos) (Juan 10:11)
- Santo de Israel (Qadosh Yisrael) (Isaías 29:19)

- Príncipe de Paz (Sar Shalom) (Isaías 9:6)
- Juez (Shofet) (Salmo 94:15)
- Luz del Mundo (To Phos tou Kosmou) (Juan 8:12)
- Jehová-Nisi (Yahvé Nissi) (Éxodo 17:15)
- Jehová es mi Pastor (Yahvé Roi) (Salmo 23:1)
- Jehová tu Sanador (Yahvé Rofa) (Éxodo 15:26)
- Jehová-Salom (Yahvé Shalom) (Jueces 6:24)
- Jehová-Sama (Yahvé Shammá) (Ezekiel 48:35)
- Jehová de los Ejércitos (Yahvé Tsebaot) (1 Samuel 17:45)
- Jehová Justicia Nuestra (Yahvé Tsidqenu) (Jeremías 23:6)
- Jehová Mi Roca (Yahvé Tsuri) (Salmo 144:1)
- Jehová Proveerá (Yahvé Jiré) (Genesis 22:14)
- Niño (Yeled) (Mateo 2:11)

CAPÍTULO 11

Multiplicación del Pecado

> Y por haberse multiplicado la maldad, el amor de muchos se enfriará.
>
> —Mateo 24:12

En otras versiones, la palabra *abundar* aquí se sustituye por multiplicar, expandir, aumentar o difundir. La multiplicación del pecado ha existido después de la caída de la humanidad. El pecado entró por un hombre, por lo que esto significa que todos han pecado (Romanos 3:23).

Anteriormente en el libro, utilicé Génesis 6:5, donde Dios señala que la maldad es grande en la tierra. Jesús compartió los signos de los últimos tiempos, por ejemplo, la multiplicación del pecado. Casi no hay respeto por Dios, los padres y la vida de los demás. Mentir es parte de conversaciones en las que no sabes quién dice la verdad o no. El amor propio es una prioridad para tantas personas que la autoimagen se ha convertido en un dios en sus vidas. La fornicación es tan común incluso en nuestras comunidades cristianas que el adulterio ya no es un tabú. Hoy, el pecado es muy aceptado, sin darnos cuenta de que nos estamos engañando a nosotros mismos. Gálatas 6: 7 dice, "No os engañéis; Dios no puede ser burlado: pues todo lo que el hombre sembrare, eso también segará." La televisión está llena de bombardeos de pecado. La noticia está llena de historias y consecuencias de la multiplicación de pecados como robos, asesinatos, ataques, etc.

El reino de Satanás es ordenado. Cuando las multitudes seguían a Jesús, Jesús demostró que tenía el poder de expulsar demonios. Los escribas estaban acusando falsamente a Jesús como parte del reino de Satanás porque los demonios salían de las personas. Los escribas sabían que una de las señales del Mesías es que Él tiene el poder contra el reino de Satanás, pero los escribas no aceptaron a Jesús como el Mesías.

Jesús respondió a los escribas: "Si un reino está dividido contra sí mismo, tal reino no puede permanecer. Y si una casa está dividida contra sí misma, tal casa no puede permanecer. Y si Satanás se levanta contra sí mismo, y se divide, no puede permanecer, sino que ha llegado su fin" (Marcos 3:24–26).

Lo que Jesús le estaba diciendo era: "Si soy parte del reino de Satanás, ¿cómo tengo el poder de expulsar a Satanás?" Jesús les dice a los escribas: "Ustedes lo han entendido todo mal."

Satanás es un copión. En el cielo, aprendió que el Dios de los dioses es un Dios ordenado y tiene un reino ordenado. Dios incluso tiene reuniones (Job 1:6). Dios tiene una jerarquía establecida: Dios, serafines, querubines, arcángeles, ángeles y criaturas desconocidas para los humanos. Satanás es un ángel caído. Su nombre significa enemigo o adversario, y él es un engañador. Queriendo ser como Dios, Lucifer y un tercio de los ángeles se rebelaron contra Dios. Dios lo derrocó a él y a sus seguidores. Satanás cayó como un rayo del cielo (Lucas 10:17-18). Este fue el comienzo de su reino. Otros nombres para Satanás son:

- Abadón (Salmo 88:11)
- Leviatán (Job 41:1)
- Dragón (Job 41:1–34; Apocalipsis 12:3–4, 7–9)
- Inicuo (2 Tesalonicenses 2:8–10)
- Potestad de las Tinieblas (Colosenses 1:13)
- Príncipe de la Potestad del Aire (Efesios 2:2)

- Anticristo (1 Juan 2:18, 22)
- Mentiroso (1 Juan 2:22)
- Beelzebú (Marcos 3:22)
- Diablo (Mateo 4:1)
- Tentador (Mateo 4:3; 1 Tesalonicenses 3:5)
- El Dios de este Siglo (2 Corintios 4:4)
- Adversario, Enemigo (1 Pedro 5:8)
- Gobernadores de las Tinieblas (Efesios 6:12)
- Padre de Mentira, Homicida (Juan 8:44)
- Ángel del Abismo, Abadón, Apolión (Apocalipsis 9:11)
- Ladrón (Juan 10:10)
- Disfraza como Ángel de Luz (2 Corintios 11:14)
- Engaña al Mundo Entero (Apocalipsis 12:9)
- Acusador de Nuestros Hermanos (Apocalipsis 12:10)
- Bestia (Apocalipsis 13:2)
- Belial (Deuteronomio 13:13, 2 Corintios 6:15)
- El Malo (Mateo 13:19)
- Lucero/Hijo de la Mañana (Isaías 14:12)
- Príncipe de Este Mundo (Juan 14:30)
- Hijo de Perdición (Juan 17:12)
- Serpiente Antigua (Apocalipsis 20:2)
- Estrella Caída (Isaías 14:12–14)

Pablo escribió a los efesios y les dio una visión clara de cómo funciona el dominio de Satanás aquí en la tierra. Mire Efesios 6:12, "Porque no tenemos lucha contra sangre y carne, sino contra principados, contra potestades, contra los gobernadores de las tinieblas de este siglo, contra huestes espirituales de maldad en las regiones celestes."

La jerarquía de Satanás está en el aire. Dios le dio a la humanidad el dominio de la tierra, pero a través del pecado, Adán autorizó a Satanás a operar su reino aquí en la tierra. Es por eso por lo que la oscuridad de los poderes opera aquí en la tierra. Hay rangos en el reino de Satanás, principados (estados gobernados por el príncipe de las tinieblas) y poderes delegados por Satanás para propósitos específicos, gobernantes sobre dominios y huestes espirituales que son demonios, espíritus inmundos o espíritus malignos.

El reino organizado de Satanás es real. Un gran ejemplo es en Daniel 9-10 cuando Daniel oró y ayunó durante veintiún días. Desde el primer día que Daniel propuso buscar a Dios, Dios escuchó y envió una respuesta, pero hubo oposición. El reino de las tinieblas envió al príncipe del reino de Persia a intervenir a que Gabriel entregara el mensaje a Daniel de que Miguel vino a ayudar en esta batalla. El objetivo de Satanás es robar, matar y destruir mediante la multiplicación del pecado. La gente peca por ignorancia, sin saberlo o con conocimiento. Pecar es una elección. El pecado llama a otro pecado porque un pecado necesita otro pecado para cubrir el primer pecado. Fácilmente, así es como el pecado puede multiplicarse. Por ejemplo, si alguien quiere mentir, esa persona tiene el poder de mentir, pero seguramente, otro pecado debe aparecer para cubrir la mentira.

Ananías y su esposa decidieron mentir con respecto a qué porción dar a Dios. Una mentira llama a otra mentira. Ambos acordaron la mentira de engañar al hombre de Dios, pero en realidad, se estaban engañando a sí mismos. Las mentiras de Ananías y Safira llevaron a su propia muerte. Sin embargo, si la persona lo hace sin saberlo o con conocimiento, el pecado trae consecuencias, por ejemplo, a nivel personal, familiar, comunitario e incluso nacional.

El pecado personal o privado es mortal. El hecho de que sea privado no significa que el mundo espiritual no esté viendo. Esto incluye el reino de Dios y el reino de Satanás. Proverbios 5: 21–23 dice, "Porque los caminos del hombre están ante los ojos de Jehová, y él considera todas sus veredas. Prenderán al impío sus propias iniquidades, y retenido será con las cuerdas de su pecado. El morirá por falta de corrección, y errará por lo inmenso de su locura." Er, hijo de Judá, fue malo ante Dios, y Dios lo mató.

Entonces su hermano, Onan, necesitaba hacer lo correcto, darle un heredero a su hermano, Er, pero él, egoísta y privadamente, no hizo lo correcto. Esto disgustó a Dios, y Dios lo mató.

Es en el corazón que salen los pecados. El diablo sabe quién es recto o no. Los hijos de Esceva intentaron exorcizar sobre aquellos que tenían espíritus malignos. Los espíritus malignos les respondieron: "A Jesús conozco, y sé quién es Pablo; pero vosotros, ¿quiénes sois? (Hechos 19:15). ¿Qué poder tienes si no ayunas, oras, lees la Palabra y vives una vida recta? ¿Cómo puedes esperar afectar las vidas de otros si hay pecados?

El pecado ha destruido familias en el pasado y el presente, y continuará en el futuro. Acán decidió robar. Luego escondió los artículos robados en su tienda. Incluso Israel perdió una batalla debido al pecado de Acán. Trágicamente, Acán y toda su familia fueron apedreados y quemados. Solo se necesita un miembro de la familia para actuar sobre los deseos pecaminosos para poner en peligro a una familia. Hoy, las familias están bajo ataque continuamente. El valor o el respeto de la familia no es el mismo que solía ser hace años. El concepto de lo que constituye una familia se cuestiona no solo en nuestro sistema legal sino también en las comunidades cristianas. Solo se necesitó un pecado para entrar al mundo, y ver que el producto del pecado todavía se multiplica hoy afecta no solo a individuos y familias, sino también a las naciones.

Debido a sus pecados, Israel y Judá fueron al cautiverio. Las consecuencias de los pecados pueden hacer que una nación caiga de rodillas hasta que la nación reconozca dónde ha caído. La multiplicación de los pecados está en cada nación. No se puede decir que me voy a mudar a esta nación porque no hay pecado allí. La realidad es que el pecado está en todas partes. Se ha multiplicado en las ciudades a áreas remotas de la tierra. Como una plaga, el pecado ha tomado el control. El pecado causa daño espiritual, intelectual y físico. Es por eso por lo que la Biblia está llena de historias de personas que no solo pecaron, sino también cómo cambiaron sus vidas. La lepra entró en la vida de Giezi a través del pecado de la codicia. Números 32:23 dice, "Mas si así no lo hacéis, he aquí habréis pecado ante Jehová; y sabed que vuestro pecado os alcanzará."

El pecado abre las puertas para que entren los demonios. Los demonios demuestran el poder del pecado. Un demonio irá a buscar a otro demonio para ayudarlo a mantener a la persona atada o atada a los pecados. Los demonios pueden viajar a diferentes lugares y oprimir a las personas en diferentes lugares o países. Es por eso por lo que muchas veces es tan difícil para muchas personas dejar de lado la pornografía, la fornicación, el adulterio, el robo, el chisme, etc. Solo el poder de Jesús puede liberar a las personas bajo influencias demoníacas. La posesión demoníaca es real. A través del ministerio de Jesús, muchos fueron liberados.

En una ocasión, Jesús estaba enseñando en la sinagoga, y un hombre con un espíritu inmundo gritó: "!!Ah! ¿qué tienes con nosotros, Jesús nazareno? ¿Has venido para destruirnos? Sé quién eres, el Santo de Dios" (Marcos 1:24). Aquí, el espíritu inmundo se refiere a sí mismo como "nosotros," lo que significa que había más de un espíritu inmundo. En otra ocasión, los demonios hablaron y le dijeron a Jesús que se llamaban Legión porque eran muchos espíritus inmundos. Los espíritus inmundos que trabajaban juntos intentaron destruir la vida de este hombre atormentándolo.

En una ocasión en un servicio dominical, una mujer estaba en medio de la multitud, pero nadie sabía que estaba poseída. El hombre de Dios comenzó a predicar, y de la nada, la mujer poseída comenzó a emitir voces fuertes. Interrumpiendo el servicio, el hombre de Dios reprendió a los demonios, pero los demonios la sacudieron fuertemente que ella salió corriendo de la iglesia hacia la calle con el propósito de matarla. Los ujieres trajeron a la mujer de vuelta a la iglesia. Ella fue liberada de esos espíritus inmundos atormentadores que le decían que se suicidara. Deberías haber visto el antes y el después porque esta mujer se transformó y mostró abiertamente el gozo del Señor.

Dios todavía está en el negocio de liberar a las personas oprimidas por las fuerzas demoníacas. La razón por la cual las personas entran y salen de la iglesia exactamente como llegaron poseídas, atormentadas por espíritus inmundos, es porque la iglesia carece de lo que la iglesia primitiva tenía, la demostración de poder. ¿Cómo podemos predicar acerca de Jesús sin la demostración de poder? La iglesia primitiva pudo liberar a tantas personas que estaban en pecado y oprimidas por el enemigo porque recibieron el poder (Hechos 1:8).

Al escribirles a los romanos, Pablo les recordó: "Pero la ley se introdujo para que el pecado abundase; más cuando el pecado abundó, sobreabundó la gracia; para que, así como el pecado reinó para muerte, así también la gracia reine por la justicia para vida eterna mediante Jesucristo, Señor nuestro" (Romanos 5:20-21). Pablo reconoció que el pecado inevitable y abundante es una realidad, pero a través de Cristo Jesús, la gracia abunda más que nunca. Jesús nos da el desbordamiento de la gracia. Aquí es donde el pecado ha fallado y no puede superar el desbordamiento de la gracia.

CAPÍTULO 12

Defensa del Cristianismo

Y Jehová Dios hizo nacer de la tierra todo árbol
delicioso a la vista, y bueno para comer; también
el árbol de vida en medio del huerto, y el árbol de
la ciencia del bien y del mal.

—Genesis 2:9

Mientras dormía, tuve un sueño en el que estaba sentada, y alguien
más estaba sentado a mi lado, pero no podía decir quién era esa
persona. Tampoco pude ver la cara del profesor. El maestro era
como un ángel. Llevaba un vestido blanco y una luz brillante
emanaba de él. Sin embargo, estaba pensando profundamente
absorbiendo el material. Vi un árbol delante de mí. En mi espíritu,
se reveló que este era el Árbol del Conocimiento del Bien y del
Mal. Justo en frente del árbol había una pizarra donde el maestro
explicaba el material.

El problema del mal se originó en el Árbol del Conocimiento
del Bien y del Mal. Aunque había otros árboles, el Árbol del
Conocimiento del Bien y del Mal estaba específicamente prohibido
por Dios. Dios le habló a Adán y le indicó que no comiera de
esta fruta porque seguramente moriría. Esto significaba una
muerte espiritual y física. Esta restricción de Dios hizo que el
Árbol del Conocimiento del Bien y del Mal fuera diferente de los

otros árboles. Sin el conocimiento del mal, el pecado habría sido desconocido ya que el pecado es la acción de hacer el mal.

El poder de la multiplicación ya estaba vigente en el jardín del Edén. Vemos esto en la creación donde Dios vio que todo era bueno. La tierra produjo hierba, la hierba que produce semilla según su especie, y el árbol que produce fruto, cuya semilla es en sí misma según su especie. Los animales se estaban reproduciendo.

Sin embargo, no había conocimiento del mal ni la multiplicación del mal, sino solo la multiplicación de la bondad pura. El hecho de que el poder de la multiplicación tenga su historia en el Creador denota que el cristianismo tiene la verdad. Sí, el poder de la multiplicación deriva de Dios el Creador, pero la multiplicación del mal vino al mundo a través de una elección de desobediencia, que estaba en el Árbol del Conocimiento del Bien y del Mal. El poder de la multiplicación testifica que vivimos en un mundo creado por Dios. El poder de la multiplicación confirma que vivimos en un mundo donde el bien y el mal, así como los ángeles y los demonios, existen y la gente cosecha lo que siembra.

Adán fue el primero en recibir la instrucción con respecto al Árbol del Conocimiento del Bien y del Mal. Entonces Dios creó a Eva porque no era bueno para el hombre este solo. Adán le dijo a Eva que no comiera ni tocara la fruta. Satanás apareció en el jardín como una serpiente. Cuando la astuta serpiente vino a Eva, ella estaba sola. Satanás, conociendo la restricción, bombardeó a Eva con preguntas: "¿Conque Dios os ha dicho: ¿No comáis de todo árbol del huerto?" (Génesis 3: 1).

Esta es la estrategia principal que el mundo utiliza contra el cristianismo. El mundo bombardea el cristianismo con preguntas como: ¿Existe realmente un Dios? ¿Hay un Dios que realmente creó la tierra y los cielos? ¿Existe realmente un Dios que permita el sufrimiento?

David dice, "Dice el necio en su corazón: no hay Dios. Se han corrompido, hacen obras abominables; no hay quien haga el bien"

(Salmo 14:1). Los cristianos en todo el mundo son bombardeados con estas preguntas típicas, por lo que cristianos como Eva se preguntarán si están en el camino correcto.

Eva le recordó rápidamente a Satanás que se suponía que no debía comerlo ni tocarlo porque seguramente moriría. Esto no impidió que Satanás respondiera apresuradamente: "No moriréis" (Génesis 3: 4). Aquí, Satanás está desafiando a Eva con lo que Dios dice. Los ateos no temen desafiar a los cristianos con lo que dice la Palabra de Dios porque rechazan la idea de que existe la existencia de Dios. Para aceptar la existencia de Dios, entonces la Biblia es verdadera, entonces hay un infierno. Pedro le recordó a la iglesia que "sino santificad a Dios el Señor en vuestros corazones, y estad siempre preparados para presentar defensa con mansedumbre y reverencia ante todo el que os demande razón de la esperanza que hay en vosotros" (1 Pedro 3:15).

Cuando la tentación llegó a Eva, ella realmente fue engañada por una apariencia falsa del único engañador, el diablo. Eva no estaba equipada, pero hoy la iglesia no tiene excusas. Los cristianos deben estar equipados para defender al Dios del poder de la multiplicación porque en Él tenemos la verdad del evangelio. Al defender el evangelio, los cristianos deben mantener una actitud de mansedumbre con humildad y paciencia.

La serpiente continuó diciéndole a Eva: "sino que sabe Dios que el día que comáis de él, serán abiertos vuestros ojos, y seréis como Dios, sabiendo el bien y el mal" (Génesis 3: 5). El diablo presentó su argumento con media verdad y la otra mitad con una mentira. El diablo le estaba diciendo a Eva: "No morirás, pero serás como Dios, conociendo el bien y el mal." Esta declaración se hizo falsa porque Dios le ordenó al hombre, diciendo: "De todo árbol del huerto podrás comer; más del árbol de la ciencia del bien y del mal no comerás; porque el día que de él comieres, ciertamente morirás" (Génesis 2:16–17).

Cuando la serpiente presentó sus falsos argumentos a Eva,

según Smith, el diablo estaba desafiando la justicia de Dios.[68] Aquí hay algunos ejemplos de cómo el mundo bombardea al cristianismo con desafíos sobre la justicia de Dios: ¿qué Dios bueno permitiría que los niños tengan cáncer? Alternativamente, ¿qué Dios bueno enviaría a la gente al infierno?

El no creyente hace preguntas porque no entiende las cosas de Dios porque él no creyente decide no creer que la Biblia contiene la verdad. Isaías 30:18 dice, "Porque Jehová es Dios justo." Incluso Pablo le recordó a la iglesia de Corinto: "Pero el hombre natural no percibe las cosas que son del Espíritu de Dios, porque para él son locura, y no las puede entender, porque se han de discernir espiritualmente" (1 Corintios 2:14).

Los ateos e incluso los humanistas seculares quieren entender el problema del mal desde la perspectiva del hombre natural, pero para poder entender el problema del mal, es crucial aceptar las cosas de Dios para que Él les revele la verdad.

Cuando Eva tocó la fruta, se dio cuenta de que no había muerto, así que eso la llevó a doblar el codo y llevarse la fruta a la boca. De acuerdo con Smith, "Entonces él (el diablo) la golpeó (Eva) con un ataque de tres puntas con la lujuria de la carne, la lujuria de los ojos y el orgullo de la vida (1 Juan 2:16)."[69] Nuevamente, Adán y Eva ya estaban experimentando el poder de la multiplicación de la bondad en sus vidas. No les faltaba nada, pero lo tenían todo. Por otro lado, Adán no fue engañado como Eva; más bien "Adán sabía lo que estaba haciendo. Adán fue una elección deliberada y deliberada contra el mandato de Dios."[70] Ambos ojos fueron abiertos, y ambos se escondieron de la presencia de Dios.

Dios no creó a la humanidad para ser como un robot, sino que cada hombre y mujer tiene el libre albedrío para elegir obedecer a Dios o darle la espalda. Es una elección que hace cada individuo

---

[68] Chuck Smith, *C2000 Series on Genesis 2–3*, https://www.blueletterbible.org/Comm/smith_chuck/c2000_Gen/Gen_002.cfm.

[69] Ibid.

[70] Ibid.

aquí en la tierra. Debido a la desobediencia de Adán y Eva, su relación con Dios se rompió. Ahora sus ojos abiertos ya no podían ver el poder de multiplicación de la bondad de Dios, sino que ahora el poder de multiplicación del mal estaba presente en sus vidas. Incluso cuando entraron en su nuevo mundo, el poder de multiplicación del bien y el mal los siguió.

En Génesis, Dios se reveló a sí mismo como un Dios de justicia cuando deliberadamente pronunció una sentencia primero a la serpiente, luego a la mujer y finalmente a Adán (Génesis 3: 14-19). Fue una decisión autoritaria que Dios hizo: "He aquí el hombre es como uno de nosotros, sabiendo el bien y el mal" (Génesis 3:22). Para aquellos que no creen en el Dios de la Trinidad, aquí hay otro versículo que prueba la verdad de que el Padre Dios, el Hijo y el Espíritu Santo están presentes en la creación.

El cristianismo tiene las respuestas que el mundo está buscando con respecto al problema del mal. El origen de la multiplicación del mal que se experimenta hoy se originó en el jardín del Edén cuando Adán y Eva tomaron la decisión de escuchar a Satanás, aceptar la tentación y elegir comer el fruto prohibido. Mientras estaban en el lado este del jardín del Edén, experimentaron la libertad de la multiplicación de la bondad, pero tenían una regla, abstenerse de comer del Árbol del Conocimiento del Mal y el Bien.

Dios colocó el Árbol del Conocimiento del Bien y del Mal y el Árbol de la Vida en medio del jardín. Dios quiere que sus hijos caminen en su libertad. Esto incluye aceptar y caminar bajo Sus reglas. Dios dio los Diez Mandamientos que son tan válidos hoy como cuando se los dio a Moisés en el monte Sinaí. Jesús dio un nuevo mandamiento de "amar a tu prójimo como a ti mismo." La iglesia, al caminar en la libertad de Dios, asume la responsabilidad de seguir estos mandamientos. Al hacer esto, el poder de la multiplicación se demuestra en pura bondad. Aunque la iglesia experimentará aflicciones o dificultades, Dios los convertirá a trabajar para el bien de su pueblo.

Al defender el evangelio, la iglesia debe estar lista para responder al mundo las preguntas que sienten que necesitan responder. Aquí la iglesia puede utilizar esta herramienta para predicar el evangelio. Jesús ordenó a sus discípulos que "Id por todo el mundo y predicad el evangelio a toda criatura" (Marcos 16:15). Esto incluye esas cosmovisiones que desafían a la iglesia con preguntas que pueden parecer difíciles para muchos cristianos, pero para otros quizás no. La iglesia debe alfabetizarse en la Biblia o tener conocimiento de la Palabra.

Uno de los desafíos que enfrenta la iglesia hoy en día es que los cristianos no están leyendo su Biblia y están criando a una generación que es analfabeta a la Palabra de Dios. ¿Cómo puede la iglesia oponerse a las diferentes punto de vista mundiales de hoy si se vuelve cada vez más analfabeta? Geisler afirma: "De las tres cosmovisiones principales, el ateísmo afirma la realidad del mal y niega la realidad de Dios. El panteísmo afirma la realidad de Dios, pero niega la realidad del mal. El teísmo afirma la realidad de Dios y del mal."[71]

El mal existe. Es real, y hay una historia detrás del problema del mal que el cristianismo sostiene la verdad. El mundo tiene un gran vacío; la iglesia no puede llenarlo. Solo Dios puede, pero a través de la iglesia, podemos influir en el mundo al traer la Palabra de Dios a la luz del mundo. La iglesia debe poder estar lista para responder preguntas relacionadas con la Palabra de Dios y nuestra cosmovisión.

Después de que Adán y Eva fueron expulsados del jardín del Edén, sus vidas nunca fueron las mismas. En Génesis, Dios comenzó la historia de la humanidad con una pareja, mientras que en Apocalipsis Jesús regresa por la iglesia, la novia. Adán esperó a que Eva fuera creada y entregada a él. Hoy, se supone que la iglesia está lista y lista para su esposo.

---

[71] Norman L. Geisler, *The Big Book of Christian Apologetics* (Grand Rapids, Mich.: BakerBooks, 2012), 139.

Sin embargo, ¿está la iglesia lista para ser levantada? ¿Está haciendo la iglesia lo que se supone que debe hacer? ¿Está la iglesia dando las respuestas correctas a un mundo que necesita a Jesús? ¿Cómo puede existir un Dios bueno mientras haya maldad en el mundo? ¿De dónde vino el mal? ¿Hay un Dios? ¿Por qué hay sufrimiento? Estar listo para responder tales preguntas es predicar y defender el evangelio.

Conclusión

Así que, hermanos míos amados, estad firmes y
constantes, creciendo en la obra del Señor siempre,
sabiendo que vuestro trabajo en el Señor no es en
vano.

—1 Corintios 15:58

Para que el poder de la multiplicación se manifieste en nuestras
vidas, tenemos que ponernos a trabajar. La fe más el trabajo duro
es igual al poder de la multiplicación. Dios nos ha dado el poder
de la multiplicación, pero muchos no se dan cuenta de que está allí
para bien o para mal. Dios quiere mostrarnos su gloria. Dios quiere
que su pueblo aumente en el conocimiento de su Palabra. Dios
está dispuesto a ayudarnos a crecer más cada día en Él. Tenemos
que pagar un precio. Todos tenemos un llamado, pero tenemos
que trabajar en ello. Además de ser responsables y vivir una vida
ordenada ante Dios y la humanidad, tenemos que tomar el tiempo
para orar, ayunar y meditar en su Palabra. Allí encontraremos más
verdad sobre el poder que nos ha dado para multiplicar. Dios no
solo quiere bendecir nuestras finanzas y multiplicarlas, sino que
quiere que multipliquemos en gracia y favor de nuestros trabajos,
familia, amigos, comunidad o nación.

Aún más, como cristianos, tenemos que demostrar al mundo
el poder de la multiplicación, pero de la bondad de Dios. Dios
quiere multiplicar en nosotros más amor, paz y gozo para que

podamos reflejar al mundo que Jesús es el camino a la salvación. Dios quiere que multipliquemos en nosotros más gloria y fuerza y que lo busquemos profundamente. Cuanto más lo buscamos, más quiere Dios multiplicar más de sus bendiciones sobre nosotros para que seamos una bendición para los demás.

Actualmente, hay un hambre en el mundo para ver el poder de la multiplicación de la bondad de Dios. Hay tanta hambre de ver milagros, de ver lo sobrenatural y la gloria de Dios que muchos no saben cómo obtenerlo. Déjame decirte: Dios quiere mostrarte a ti y a mí más del poder de la multiplicación. Aún en estos tiempos, debemos vivir una vida cristiana ordenada. Nuestras vidas deben estar en orden. Debemos obedecer a Dios y sus mandamientos. Debemos ser un ejemplo donde quiera que vayamos porque representamos a Jesús aquí en la tierra. Debemos ser responsables en cada área de nuestras vidas, incluso en nuestros trabajos y con nuestra familia, nuestras facturas y todo lo demás. Debemos trabajar duro para tener intimidad con Dios cada día. Debemos darle nuestros diezmos y ofrendas. Como Dios te usó para dar consejos o consejo a otros, aplica ese consejo a ti también. Se un ejemplo.

Jesús multiplicó los peces y las hogazas de pan. La gente sabía que tenía el poder de multiplicación porque la palabra de Dios estaba en él. Lideró con el ejemplo. Jesús siempre se tomó el tiempo para orar y ayunar, y cuando hablaba, usualmente hablaba la palabra de Dios. Jesús meditaba diariamente en la palabra de Dios. Jesús bendijo. Jesús bendijo el pan y el pescado. Bendice tu trabajo, tu familia, tus circunstancias, tu salud, el área donde vives y tu vecindario. Ora y bendice a tus enemigos. Las bendiciones son una herramienta poderosa que se nos da a los cristianos para ver más de la bondad de Dios en nuestras vidas.

En Mateo 15:35, vemos que Jesús está activo en su ministerio. La gente siguió a Jesús durante tres días, y sucedieron milagros a su alrededor. Jesús es la fórmula que muchos buscan. A través de Jesús, podemos obtener el poder de la multiplicación para que las cosas se manifiesten en nuestras vidas. Jesús tuvo compasión por las personas porque tenían hambre no solo físicamente sino también espiritualmente.

En el mundo, muchos caminan hambrientos, y nosotros los cristianos tenemos la respuesta para ellos. Debemos tener compasión por los demás. Tenemos que movernos más en un espíritu de compasión para que otros sepan e incluso experimenten el poder de la multiplicación en Dios. Jesús tomó las hogazas de pan y el pescado y dio gracias a Dios. Un corazón agradecido mueve a Dios a tu favor. Un corazón agradecido es tan poderoso que toca el corazón de Dios. Un corazón agradecido creyendo que el poder de la multiplicación todavía está disponible para nosotros hoy puede traer grandes resultados.

Después de dar gracias, el poder de la multiplicación dice, "Ahora YO SOY estoy haciendo el trabajo." Después de dar gracias por lo que tienes en este momento y por lo que estás pidiendo, Dios te mostrará el poder de la multiplicación que se manifiesta en el ahora de tu vida, pero debes creer. 3 Juan 1:2 dice, "Amado, yo deseo que tú seas prosperado en todas las cosas, y que tengas salud, así como prospera tu alma."

Dios quiere que todos nosotros en Cristo prosperemos. Cuando hablo aquí sobre prosperidad y multiplicación, estoy hablando de cualquier área de tu vida que Dios quiere llevarte a otro nivel. Él quiere ver tu vida en ese poder que se nos ha dado para multiplicar y ser fructífero para que podamos ser una bendición para los demás. Te animo a seguir moviéndote y trabajando. Si Dios te está llamando al ministerio, Dios te confirmará y te abrirá las puertas para que entres. Si quieres más paz, amor o gozo o si te falta la fe, Dios hoy quiere multiplicar eso. Sigue luchando la buena batalla. No te rindas. En Él, Cristo Jesús, somos más que vencedores, y el poder de la multiplicación es nuestro. El enemigo quiere pensar que no lo tienes, pero en Cristo Jesús, somos más que vencedores.

Bibliografía

Abbott-Smith, G. *A Manual Greek Lexicon of the New Testament.* New York: Charles Scribner's Sons, 1922.

Anders, Max, and Gary Inrig. *Holman Old Testament Commentary.* Nashville: Broadman & Holman Publishers, 2003.

Barry, J. D., et al. *Faithlife Study Bible.* Bellingham: Lexham Press, 2012.

Beale, G. K. *1 -2 Thessalonians The IVP New Testament Commentary Series.* Downers Grove: IVP Academic, 2003.

Benson, Michael T. *Harry S. Truman.* Westport: Praeger Publishers, 1997.

Blue Letter Bible. 2018. https://www.blueletterbible.org/ (accessed 2018).

Brackman, Rabbi Levi, and Sam Jaffe. *Jewish Wisdom for Business Success Lessons from the Torah and Other Ancient Texts.* New York: American Management Association, 2008.

Cole, R. Alan. *Exodus An Introduction and Commentary Tyndale Old Testament Commentaries Volume 2 .* Downers Grove: IVP Academic, 1973.

—. *Mark Tyndale New Testament Commentaries Volume 2.* Downers Grove: IVP Academic, 1989.

Dictionary.com. 1995. https://www.dictionary.com/ (accessed 2015).

Dockrey, Karen, Johnnie Godwin, and Phyllis Godwin. *The Student Bible Dictionary.* Uhrichsville: Barbour Publishing, 2000.

Geisler, Norman L. . *The Big Book of Christian Apologetics.* Grand Rapids: BakerBooks, 2012.

Grypeou, Emmanouela, and Helen Spurling. *The Book of Genesis in Late Antiquity: Encounters Between Jewish and Christian Exegesis.* London and Boston: Brill, 2013.

Hagee, John. *In Defense of Israel.* Lake Mary: Frontline A Strang Company, 2008.

Hamilton, Victor P. *Exodus An Exegetical Commentary.* Grand Rapids: Baker Academic, 2011.

Heiser, Michael S. *The English-Hebrew Reverse Interlinear Old Testament New King James Version.* Bellingham: Lexham Press, 2009.

Kartje, John. *Wisdom Epistemology in the Psalter A Study of Psalms 1, 73, 90, and 107.* Berlin and Boston: De Gruyter, 2014.

Lea, Thomas D., and David Alan Black. *The New Testament Its Background and Message 2nd Edition.* Nashville: B & H Academic, 2003.

Lennox, John C. *Joseph: A Story of Love, Hate, Slavery, Power, and Forgiveness.* Wheaton: Crossway, 2019.

Longman III, Tremper. *Tyndale Old Testament Commentaries Volumes 15-16 Psalms.* Downers Grove: IVP Academic, 2014.

Longman, Tremper III. *Jeremiah Lamentations Understanding the Bible Commentary Series.* Grand Rapids: Baker Books, 2008.

Luck, Steve. *American Desk Encyclopedia.* New York: Oxford University Press, Inc., 1998.

Martin, Glen S. *Holman Old Testament Commentary Exodus, Leviticus, Numbers.* Nashville: Broadman & Holman Publishers, 2002.

McCraw, Thomas K. *The Founders and Finance.* Cambridge: The Belina P Press of Harvard University Press, 2012.

Oden, Thomas C. *Ancient Christian Commentary on Scripture Old Testament I Genesis 1-11.* Chicago and London: Fitzroy Dearborn Publishers, 2001.

Peer, Andrea. *Global poverty: Facts, FAQs, and how to help.* November 21, 2018. https://www.worldvision.org/sponsorship-news-stories/global-poverty-facts (accessed September 18, 2019).

Petterson, Anthony R. *Haggai, Zechariah & Malachi Apollos Old Testament Commentary.* Downers Grove: IVP Academic, 2015.

Purcell, Aaron D. *Deal and the Great Deppression* . Kent: The Kent State University Press, 2014.

Radmacher, Earl, Ron Allen, and H. Wayne House. *Compact Bible Commentary.* Nashville: Thomas Nelson, 2004.

Roden, Chet. *30 Days to Genesis A Devotional Commentary.* Timmonsville: Seed Publishing Group, LLC, 2016.

—. *Elementary Biblical Hebrew An Introduction to the Language and Its History.* San Diego: Cognella, 2017.

Schreiner, Thomas R. *Romans Baker Exegetical Commentary of the New Testament.* Grand Rapids: Baker Academic, 1998.

Smith, Chuck. "C2000 Series on Genesis 2-3." *Chuck Smith :: C2000 Series on Genesis 2-3.* Blue Letter Bible, 1979 - 1982.

Spangler, Ann. *The Names of God.* Grand Rapids: Zondervan, 2009.

Stevenson, Kenneth, Michael Glerup, Thomas C. Oden, and C. Thomas McCollough. *Ancient Christian Commentary on Scripture Old Testament XII Ezekiel, Daniel.* Downers Grove: IVP Academic, 2008.

Stiefel, Barry L. *Jewish Sanctuary in the Atlantic World A Social and Architectual History.* Columbia: University of South Carolina Press, 2014.

Taylor, Richard A., and E. Ray Clendenen. *The New American Commentary Haggai, Malachi Vol 21A.* Nashville: B & H Publishing Group, 2004.

Vos, J. G. *Genesis.* Pittsburgh: Crown & Covenant Publications, 2006.

Wenham, Gordon J. *Numbers An Introduction and Commentary.* Downers Grove: IVP Academic, 1981.

Winship, A. E. *Jukes-Edwards A Study in Education and Heredity.* Harrisburg: R. L. Myers & Co., 2005.

Zacharias, Ravi. *I, Isaac, take Thee Rebekah.* Nashville: Thomas Nelson, 2004.